Heiner Feldhoff

Pauline Leicher
oder
Die Vernichtung des Lebens

AF791054

RHEIN
MOSEL
VERLAG

© 2023
RHEIN-MOSEL-VERLAG
Zell/Mosel
Brandenburg 17, D-56856 Zell/Mosel
Tel 06542/5151 Fax 06542/61158
Alle Rechte vorbehalten
ISBN 978-3-89801-397-0
Ausstattung: Stefanie Thur
Umschlag Foto: Landschaft über Hadamar, Peter Lindlein

Damit die kulturelle Vielfalt erhalten und für die Leser bezahlbar bleibt, gibt es die gesetzliche Buchpreisbindung. Deshalb kostet ein verlagsneues Buch in Deutschland immer und überall dasselbe. Ob im Internet, in der Großbuchhandlung, beim lokalen Buchhändler, im Dorf oder in der Großstadt – überall bekommen Sie Ihre Bücher zum selben Preis.

Heiner Feldhoff

Pauline Leicher
oder
Die Vernichtung des Lebens

Erinnerung an Pauline Leicher (1904–1941)
Opfer der NS-Euthanasie

Rhein-Mosel-Verlag

Inhalt

Vorbemerkung

Eigentlich fühlte ich mich nicht stark, nicht gesund genug, mich mit einem so traurigen Thema abzugeben, noch weniger, dies in einem durchgängigen Trauerton zu tun. Ja, ich war entsetzt gewesen wie selten zuvor, von kaltem Grausen erfüllt, als ich in Hadamar durch den historischen Keller ging, allein, auf mich allein angewiesen, und ich brauchte Wochen, Monate, um mich von dem unsichtbar und dennoch unmittelbar präsenten Schrecken der Verbrechen, der Tötungen, der Gasmorde einigermaßen freizumachen, zurückzufinden zu Worten eingebildeter, halbwegs souveräner Abwehr oder gar Verarbeitung des Pauline-Schicksals. Ihr Vorname war mir dabei eher eine Hilfe; sein Klang hatte etwas Widerständiges, als wenn er erinnern wollte an Glaube, an Liebe, an Hoffnung, bloß worauf? Das blieb offen, aber ich schrieb's auf, schrieb's in mein Nächtebuch, schrieb mich mitten in diesen Schmerz, diese Finsternis hinein und doch so weit weg von dem, was da geschehen war in Hadamar, im Monat Mai vor achtzig Jahren.

Und irgendwann wurde mir Paulines Lebensgeschichte zur Herzensangelegenheit. Wurde mir, lasst es mich sagen, Leicher ums Herz.

Aber wenn es darauf ankäme,
die Spuren unseres Daseins zu verwischen?
Und die so gut wie vergessene Pauline
schon auf dem besten Wege war,
dieses Ziel zu erreichen?

Auf der Suche nach einer Vergessenen

Keine Spur von Pauline auf dem Friedhof meines Dorfes, in welches es mich vor Jahrzehnten verschlagen hatte. Auf dem Denkmal für die Gefallenen aus dem Ersten und Zweiten Weltkrieg entdeckte ich unter den Inschriften den Namen Gustav Leicher, daneben das Datum 9.12.43. Ihr Bruder war also im Alter von 37 Jahren tot geblieben, wie man hier sagt. Ich wollte bei dieser Gelegenheit auch einen Blick werfen auf das Gräberfeld mitsamt dem neuen Urnenterrain. So viele, die ich gekannt habe, liegen hier, finden hier ihre letzte Unruhe. Von der Landstraße donnerte der inzwischen geradezu endlose Verkehr herüber. Vor allem ist es der örtliche Schwerkraftverkehr, doch mehr und mehr brummen und jaulen die internationalen Transporter vorbei, Lkws aus Litauen, aus Polen, aus Belarus, die auch an Gustavs früherem Wohnhaus vorbeirumpeln, wo seine Witwe Elise noch zwei Jahrzehnte weitergelebt hat.

Am Friedhof in Lautzert

Der Totenhof von Lautzert wird ganz gewiss nicht deine letzte Ruhestätte sein, sage ich mir jedesmal, wenn ich selbst hier vorbeifahre, hier findest du in Ewigkeit keine Ruhe, die Totenruhe wird hier fortwährend, naturgemäß tagsüber brutaler als des Nachts, gestört. Es hat, unstatthaft angemerkt, vielleicht auch sein Gutes, dass der Pauline dieser Ort, der ehedem ein Ruheort gewesen sein mag, erspart geblieben ist, vorenthalten worden ist, wie eben auch ihrem Bruder Gustav, der, ich wiederhole mich, im Krieg bei Tscherkassy in der Ukraine gefallen ist. Auf diesem Friedhof kann sich bestatten lassen, wer will, ich will es nicht. Oder doch?

Die Dorfbewohner seien ihm, Gustav Leicher, dankbar, heißt es auf dem Denkmal (das naturgemäß nach dem Zusammenbruch des Dritten Reiches zu beiden Seiten hat erweitert werden müssen) neben anderen Namen wie Sohnius, Lütsch und Hering. Eine Familie Hering aus Lautzert hat der große August Sander einmal fotografiert, eine Familie Leicher niemals. Übrigens finden sich hier nahebei auch sehr schön gelegene Friedhöfe, zum Beispiel gleich in den Nachbardörfern Oberdreis und Rodenbach oder ein paar Kilometer entfernt in Herschbach am Ende der wundervollen Laurentius-Allee.

Es gibt Menschen, die kennen ihr eigenes Geburtsdatum nicht, bedingt etwa durch Krieg und Flucht. Und von manchen Verstorbenen ist der genaue Tag ihres Todes unbekannt. Das berühmteste Beispiel ist der Gottessohn, Jesus aus Nazareth in Galiläa. Er sei 4 v. Chr. geboren, sagen die Wissenschaftler, und mit 37 Jahren hingerichtet worden, als Unschuldiger. Wie auch die junge Frau aus Lauzereth, schreibe ich hier falsch und kühn, wie auch Pauline Leicher aus Lautzert im Westerwald. Über Jesus ist viel, vielleicht zuviel geschrieben worden, über Pauline praktisch kein Wort, keine Ortschronik, kein Heimatjahrbuch erwähnt sie.

Ihre Lebensdaten sind amtlich erfasst, aber falsch, jedenfalls das Todesdatum.

Und damit fing für mich ihre Geschichte an. Sie sei am 28. Mai 1941 verstorben, hieß es im Sterberegister meiner Verbandsgemeinde, eine offizielle Lüge, die noch 80 Jahre später nicht korrigiert worden war. In Wahrheit, wie sich herausstellen sollte, ging Pauline den Tod ins Gas am 6. Mai, drei Wochen vorher. Im selben Alter also wie ihr Bruder. Im selben Alter wie der König der Juden, verhöhnt, wie auch der Erlöser, von ihren Mördern: Ihr Tod sei für sie eine Erlösung gewesen, hieß es im Schreiben der Mordanstalt, in welchem von einer plötzlichen schweren Krankheit die Rede war, der sie erlegen sei. Dieser Brief an die Familie Leicher in Lautzert ist nicht erhalten, wie es ja nichts, gar nichts Konkretes, Persönliches, von ihr Hinterlassenes gibt, die Auslöschung war eine endgültige, eine totale.

Ich habe diese Herausforderung angenommen und bin den Spuren und Indizien gefolgt. Was hier zu lesen sein wird, ist *keine leichte Kost*. So hat es einmal eine hessische Justizministerin bezeichnet, ein Ausdruck der Hilflosigkeit, mir wird es ähnlich passieren im Laufe dieser Beschreibung eines Lebens zum grundbösen Tod hin. Wer fürchtet, das alles nicht fassen zu können, lese langsam, lese ein paar Sätze laut, lasse es womöglich erst einen Robusteren lesen, lege das Büchlein eine Weile weg und versuche es erneut. Nein, der Leser, die Leserin muss nicht nach Hadamar fahren, jedenfalls sei er gewarnt, es ist dort nicht zum Aushalten. In diesem Buch ist ja in der Hauptsache nur von einer einzigen Person die Rede, aber auch von ihren neunundachtzig Schicksalsgefährtinnen am Tag ihrer Ermordung, und von den anderen, über neunhundert, die in der ersten Jahreshälfte 1941 aus der Heil- und Pflegeanstalt Andernach nach Hadamar *verlegt*, von den zehntausend, die hier in die Gaskammer getrieben wurden.

Zu Beginn des 20er Jahres hielt uns alle die Corona-Drangsal in ihrem Bann, sie verdrängte mich aus den Lesesälen der Archive und schien den Beginn der Arbeit auf den Sankt-Nimmerleinstag verschieben zu wollen, was mir sehr zupass kam, ich fühlte mich seit langem an jene Erzähler im Werk von Thomas Bernhard erinnert, die eine Geistesarbeit im Sinne haben, aber schon beim ersten Satz scheitern. In Wahrheit drückte auch ich mich vor der Aufgabe und fand immer neue Ausflüchte und Hinderungsgründe: die Verschwiegenheit des Dorfes, die unauffindbaren, verschwundenen Dokumente und nicht zuletzt mein Menschenrecht auf Selbstschutz: Warum denn ich? Aber ich saß schon zu lange in diesem grauen Bus Richtung Hadamar, in diesem Bus des Grauens, von dem noch die Rede sein wird.

Eine der ersten öffentlichen Spuren führte mich nach Andernach. Hier hatte man an meinem Geburtstag 1996 – den ich erwähne, um deutlich zu machen, dass ich nicht anders kann, als das alles persönlich zu nehmen –, hier also, nicht am Ort, aber immerhin in der Stadt der früheren Heil- und Pflegeanstalt, der vormaligen Provinzirrenanstalt und der nachmaligen Landesnervenklinik, der heutigen Rhein-Mosel-Fachklinik, einen sogenannten Spiegelcontainer aufgestellt in Erinnerung an die aus Andernach nach Hadamar in den Tod transportierten Patienten.

Mit einem Freund fuhr ich von Neuwied über die Rheinbrücke nach Andernach, wo wir in der Stadtmitte im alten engen Parkhaus herumkurvten, um einen Stellplatz zu finden, was nur mit Mühe und dem Überfahren einer Begrenzungsschwelle gelang. Aber ich wusste sogleich, wir waren auf der richtigen Spur, wir waren in Sichtweite der Christuskirche. Draußen im Park erblickten wir sogleich den rostbraunen Stahlcontainer, er war weniger klobig und unschön, als ich erwartet hatte.

Ich hatte angenommen, man könne hineingehen, um die hier versammelten Namen zu lesen, aber er war verschlossen. Wir starrten durch die Glasscheibe, was zum Teil vom kalten Licht der Wintersonne erschwert wurde. Der Freund wollte angesichts der 880 Namen rasch aufgeben, aber ich wollte nicht vergeblich hergekommen sein, und richtig, unten in der drittletzten Reihe entdeckte ich meine Pauline, Pauline L., das musste sie sein. Es gab zwar, soweit wir etwas sehen konnten, eine zweite Pauline, aber keine mit dem Anfangsbuchstaben L, nein, wir hatten die Pauline L. gefunden, Pauline Leicher aus L., Pauline Leicher aus Lautzert, nach Jahrzehnten aus den Aufnahmebüchern der Provinzial Heil- und Pflegeanstalt »überführt« in diese Sammlung von Opfernamen. Im Sinne der Gedenktafel nun auch aus ihrem spurlosen Verschwinden befreit, noch immer freilich im Halbanonymen. Bis 2016 wurden die Nachnamen der Ermordeten nur abgekürzt angegeben.

Spiegel-Container Andernach

Nach Andernach entstand bei mir, selbst bei einem Schreckensthema wie diesem, so etwas wie die Spannung einer kriminalistischen Recherche, zu der sich dann im Erfolgsfall die Genugtuung gesellen würde. Und da ich das ja alles aufschreiben wollte, kam ein weiterer Skrupel hinzu – ob denn die mögliche Freude am Gelingen einer Gedenkschrift überhaupt statthaft sei? Indes, beruhigte ich mich, es muss eine gewisse Balance geben, das eine ist ohne das andere nicht zu bewältigen, kommt erst gar nicht in Gang, eine Balance zwischen dem mörderischen Ernst und dem Weiterleben im Wort. Außerdem ist es die Pauline selbst, die mich als ihren Schreiber ausgesucht hat, sage ich mir mittlerweile, und lasse diese Aussage hier stehen, ohne weitere Begründung.

Kann denn ein Mann über eine Frau schreiben? Ja. Ein sogenannter Normaler über einen Geistesgestörten? Ja. Ein Niederrheiner über einen Westerwälder? Ja. Ein Lebender über einen Toten? Ja.

Irgendwann also würde mich mein Weg auch direkt nach Hadamar führen. Doch alles zu seiner Zeit. Wer sich dorthin begibt, sollte im schönen Gemünden einen Halt machen. Auf dem Wandgemälde der alten Dorfkirche erteilt ein geistesabwesend, überwirklich dreinblickender Christus seinen Segen ins Leere. Ja, der Abgebildete blickte seltsam durch mich hindurch, als ich ihn jüngst aufsuchte und ihm nahe sein wollte, dem Menschensohn, der, so sind wir unterwiesen, zu Lebzeiten ein Fürsprecher für alle Mühseligen und Verstörten und von Dämonen Heimgesuchten gewesen sein soll und noch heute als Ansprechpartner gilt für alle Unvollkommenen, Untauglichen, Unbrauchbaren, letzten Endes, mach nur so weiter, müsste in dieser Liste ein jeglicher genannt werden, Instabile, Hinfällige, Anfällige wir alle, und unter uns dieser Covid-19-Leugner, der dich Maskierten plötzlich am Busbahnhof anspuckt.

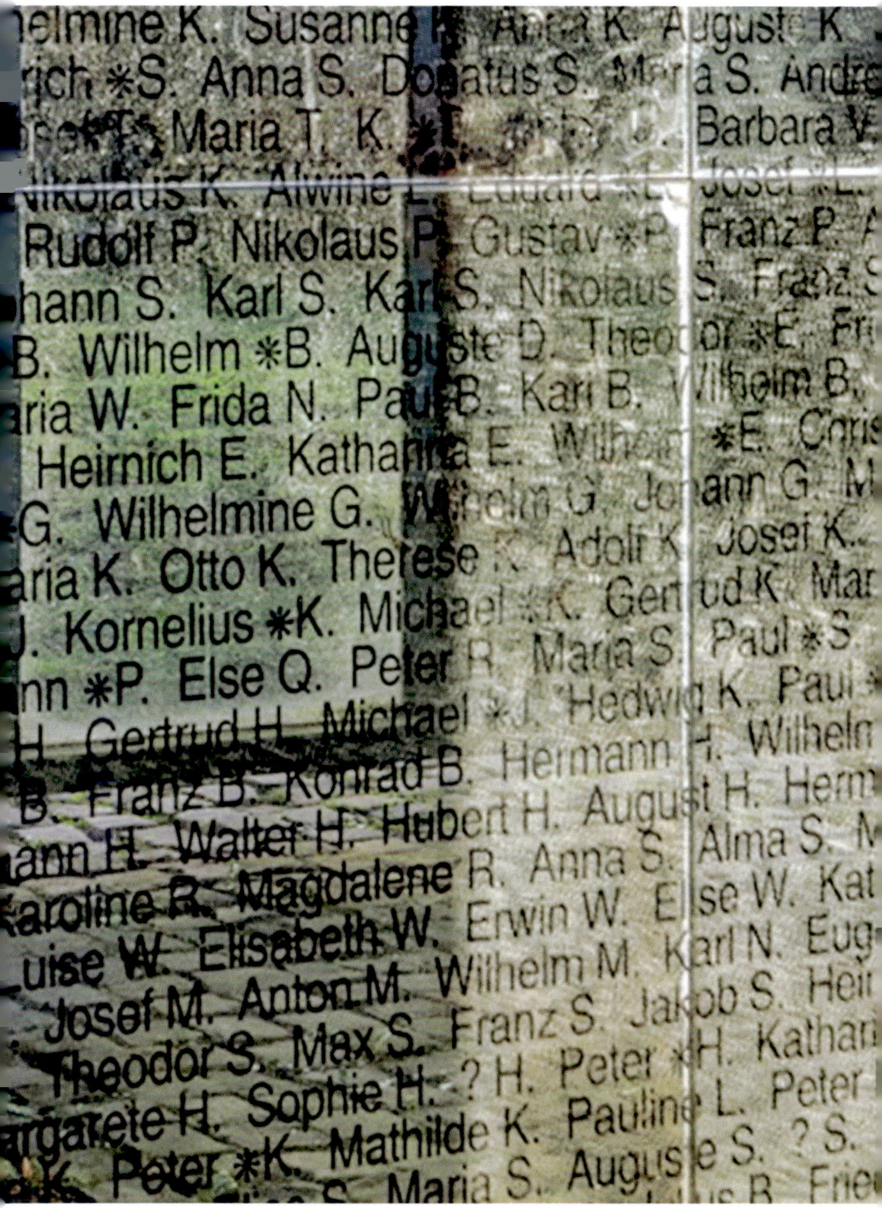

Susanne K. August
Anna S. Donatus S. Andre
Maria T. K. Barbara
Nikolaus K. Alwine L. Eduard Josef
Rudolf P. Nikolaus P. Gustav *P. Franz P.
Karl S. Karl S. Nikolaus S.
B. Wilhelm *B. Auguste D. Theodor
Frida N. Paul B. Karl B. Wilhelm B.
Heirnich E. Kathanna E. *E.
Wilhelmine G. Johann G.
Otto K. Therese K. Adolf K. Josef K.
Kornelius *K. Michael *K. Gertrud K.
*P. Else Q. Peter R. Maria S. Paul *S
Gertrud H. Michael *J. Hedwig K.
Franz B. Konrad B. Hermann H. Wilhelm
Walter H. Hubert H. August H.
Magdalene R. Anna S. Alma S.
Elisabeth W. Erwin W. Else W.
Wilhelm M. Karl N.
Josef M. Anton M. Franz S. Jakob S.
Theodor S. Max S. Peter *H.
Sophie H. ? H. Pauline L. Peter
Mathilde K. Auguste S. ? S.
Peter *K. Maria S.

Vor der evangelischen Kirche – das ist der Zusammenhang, aus dem ich mich manchmal hier wegstehle, der Leser hat's schon gemerkt – wird auf steinernen Tafeln, die an einer dekorativen Bruchsteinmauer angebracht sind, der Opfer der beiden Weltkriege und des Nationalsozialismus gedacht, so wörtlich. Gemünden, sagte der Ortspfarrer Wengenroth in einem Interview mit dem Südwest-Fernsehen, Gemünden sei früher eine Nazi-Hochburg gewesen, aber jetzt nazifrei. Neben den Tafeln ist seit einigen Jahren, vom Gemeinderat initiiert, eine Erinnerungsstele aufgestellt, mit der Inschrift: »Wir gedenken der Euthanasieopfer Ilse Wengenroth, Lina Wengenroth, Lore Wolf«. Der Pfarrer, inzwischen zum Dekan des Dekanats Westerwald aufgestiegen, hat mit den genannten Frauen, deren Namen auf den Tafeln in Majuskeln festgehalten sind, familiär nichts zu tun, auch der Bürgermeister Dietmar Wolf nicht, den ich anrief. Er erzählte mir noch, aus der Gemeinde seien 31 Juden in Auschwitz umgekommen. Im »Netz« las ich dann von der örtlichen Theatergruppe in Gemünden, sie nennt sich Fratze-im-Kopp. Zu dem Jahr für Jahr bei ihren Aufführungen im Dorfgemeinschaftshaus umjubelten Ensemble gehören immer wieder auch Söhne, Töchter aus Familien namens Wengenroth und Wolf. Eine Mordsgaudi jedesmal, naturgemäß mit Happyend.

Von der stellvertretenden Vorsitzenden der Dekanatssynode hörte ich später, da ich unbedingt wissen wollte, wie dieser Erinnerungsprozess zustande gekommen war, der Dekan habe ihr dazu nichts sagen können, und zu ihrem Befremden auch der aus Gemünden stammende Finanzfachmann des Dekanats nichts, merkwürdig, sagte die Synodale, eine Sensible, wir duzen uns. Auch sie habe einmal mit Schülern ihres Gymnasiums die Gedenkstätte Hadamar besucht und das Gesehene dort nur schwer verkraften können, es sei ihr noch lange nachgegangen. Seither habe sie eine Beschäftigung mit dem Euthanasie-Thema vermieden. Sie müsse jetzt aber das Telefongespräch beenden, sagte sie, auch in Corona-Zeiten wolle sie als Organistin ihrer Gemeinde in der Übung bleiben. Ich stellte mir vor, wie sie in der leeren Kirche Orgel spielte. *Mit Fried und Freud ich fahr dahin.*

Und ich? Sollte ich wirklich fortfahren mit meinen Nachforschungen zum Lebenslauf der Pauline Leicher? Und das Risiko eingehen, nach monatelangen Einschränkungen durch die Pandemie, nach jahrelangem Verweilen im Grauen, so hat es Hannah Arendt gesagt, in eine Depression zu fallen, die, auch im Falle des Überlebens, das eigene Leben möglicherweise verkürzen würde, da mir eine kühle, nüchterne, distanzierte Darstellung nicht möglich wäre? Letzten Endes müsste ich doch Pauline bis zum Ort ihrer Vernichtung begleiten, bis vor die Gaskammer – nein, jetzt nicht, heute nicht, ich weiß wirklich noch nicht wie und ob überhaupt.

Zu meiner Verzögerungstaktik, wenn nicht gar Vermeidungsstrategie, gehören die Abschweifungen ins Jetzt, meine Schreibaktion T4 (Erklärung später) droht Opfer von Covid-19 zu werden, täglich versorgt uns die Regierung mit neuen Nachweisen ihrer Fehlbarkeit, und wir setzen dennoch, in großer Mehrheit, gehorsam gegenüber der Obrigkeit, unser öffentliches Leben als Maskenträger fort, nuscheln vor uns hin und verstehen einander nicht. Aber überall kommt mir nun eine Pauline entgegen, zum Beispiel eine Nichte über Facetime aus Berlin, oder als schnelles Foto von einer Neugeborenen aus München, als Todesanzeige in der Rhein-Zeitung, Ausgabe Neuwied – und, ich krieg's eben nicht mehr aus'm Kopp: in Hadamar 1941 hieß die schlimmste Schwester, nein, Aufseherin, nein, Mordgesellin, mit Vornamen ebenfalls Pauline. Ich höre Schreie, ich höre Gelächter im Dunkel.

Nicht nur namentlich stellt sich mir Pauline in den Weg, dies geschieht auch indirekt, zum Beispiel als ich jüngst das neue Buch eines japanischen Autors meines Alters aufschlug und die Anfangssätze las: »Ich möchte hier von einer jungen Frau erzählen. Auch wenn ich zugeben muss, dass ich so gut wie nichts von ihr weiß.« Der Erzähler kennt weder ihren Namen noch kann er sich an ihr Gesicht erinnern. Ich dagegen habe wenigstens den Namen, ihren Mädchennamen, ihren Rufnamen, den ich vor dem endgültigen Verschwinden bewahren will. Aber auch ich habe keinerlei Bild von ihrem Gesicht, es existiert keine einzige Fotografie. Pauline Leicher; ein Mensch des 20. Jahrhunderts, im Sinne August Sanders: und dass es *kein* Bild von ihr gibt, ist noch aussagefähiger, als gäbe es eines.

Noch einmal fragte ich daher den Urneffen, mit dem ich Monate zuvor an seiner Haustür gesprochen hatte, nach alten Familienfotos, als ich ihn am Waldrand wiedersah. Ich hatte damals bei dem ahnungslosen jungen Mann nicht gleich mit der Tür ins Haus fallen wollen und nur sehr vorsichtig gesagt, ich forschte nach dem Schicksal einer vor langer Zeit verstorbenen weiblichen Verwandten seiner Familie. Diesmal sprach er von einer Kiste mit Schwarz-Weiß-Fotos, so mit gezackten Rändern. Sind auch welche vom alten Haus dabei? fragte ich. Ja, das könne sein, das sei sehr klein gewesen.

Gut, ich werde also etwas über diese Pauline Leicher schreiben, über *meine* Pauline, wie ich zu mir selbst immer öfter sage, wie ich ja auch seit langem immer von meinem Paul spreche, meinem Paul Deussen aus Oberdreis, dem Philosophen, dem Indologen, dem Freund Nietzsches. Es gibt da einen Zusammenhang, nicht nur weil sie beide aus derselben Ortsgemeinde stammen, auch hierzu später mehr. Ich werde die Pauline nicht unter den Tisch fallen lassen, unter meinen Schreibtisch, auch wenn mir ein Mann aus dem Dorf, Karl-Heinz, den ich mitten im Oberdreiser Wald getroffen hatte, aufs liebenswürdigste nahelegte, darauf zu verzichten, das könne doch nur böses Blut erzeugen, unschönes Gerede entstehen lassen – ich werde von ihrem schrecklichen Schicksal erzählen, von den an ihr vollzogenen Verbrechen. Es ist geradezu deine Pflicht, sage ich mir, es gibt keinen anderen hier vor Ort, der die Zeit dafür, der die Wörter, der die Unabhängigkeit dafür hat, das, was nach so langer Zeit gesagt werden muss, jetzt endlich zu sagen, der, als Zugezogener, die Unvoreingenommenheit hat, festzuhalten, was damals geschehen ist und wovon niemand mehr sprechen will, es sei denn hinter vorgehaltener Hand und ohne Ohrenzeugen mitten im Wald.

Es muss doch einer, sagte ich zu dem Karl-Heinz, aufmerksam machen auf unsere Pauline, wenigstens diese letzte Ehre muss ihr zuteil werden, damit ihr Name nicht getilgt sei für alle Zeiten. Diesen posthumen Triumph, nämlich dass ihre Ausmerzung, wie es damals in geheimen Papieren im Klartext hieß, eine totale gewesen ist, dass ihr Gnadentod, wie es in heuchlerischster Bösartigkeit offiziell hieß, praktisch ungeschehen gemacht worden ist, kann man doch ihren Mördern nun wahrlich nicht überlassen. Ich hatte den Karl-Heinz bei seinem täglichen Waldgang mitsamt dem ihn begleitenden Hund, den er, wenn ich ihn ihn rufen höre, zu meiner Freude Caprice genannt hat, in jenem Waldstück zwischen der alten Eibe und den Ruinen der früheren Tonzeche getroffen. Die Pauline sei ja nicht ganz richtig im Kopp gewesen, sagte Karl-Heinz, so sagen wir hier, er zwinkerte mir zu. *Fratze im Kopp.*

Ich hatte mich gewundert, wieviel er, der Jüngere, gehört und behalten hat von der Pauline, anders als die uralten Dorfbewohner, die ich gefragt hatte, und die überhaupt nichts dazu zu sagen gewusst hatten, sie hätten davon noch nie etwas gehört und nannten gleich den Namen eines anderen aus der Nachbarschaft, den könne ich ja fragen. Kein Sterbenswörtchen kam ihnen über die Lippen, die entfernten Angehörigen wussten nicht einmal etwas von Paulines Existenz. Auf meine Frage nach einem Familienfoto, auf dem sie vielleicht zu sehen gewesen wäre, zuckten sie nur mit den Achseln, immerhin sei das ja schon fast achtzig Jahre her und in der Kriegszeit sei vieles abhanden gekommen. Wollten sie partout nicht an ein Familiengeheimnis rühren, das sie als schändlich empfanden? Hätten sie, bei ehrlicher Ahnungslosigkeit, nicht neugierig werden müssen, elektrisiert, alarmiert nachfragen müssen?

Aber immerhin war es doch einer der Alten gewesen, der mich als erster auf die Spur der Pauline Leicher gebracht hatte. Ich war mit dem ehemaligen Hausmeister des Schulzentrums Altenkirchen auf dem Sportplatz ins Gespräch gekommen, er war offenkundig ein wenig stolz, inzwischen der Dorfälteste zu sein, es gebe nur noch, ein, zwei ältere Frauen, dann hast du die Nazizeit ja noch bewusst erlebt, sagte ich, ja, ja, er habe noch selber gesehen, wie die Nazis das Paulinchen abgeholt hätten, die überrumpelten Angehörigen, Mutter und Großmutter, Geschwister, sie alle hätten fürchterlich geschrien. Mir kamen, als Walter Hoffmann, damals Augen- und Ohrenzeuge, das erzählte, andere, alte Worte in den Sinn: Es erhob sich ein großes Wehgeschrei im Hause Leicher. Ein altes Foto zeigt den kleinen Walter im Jahr des Kriegsbeginns auf seinem Dreirädchen.

Pauline sei dann nach Hadamar gekommen, wo man mit Behinderten medizinische Experimente gemacht habe. Eines Tages hätten sie die Nachricht erhalten, dass sie an einer Lungenentzündung gestorben sei. Sie sei aber nicht auf dem Lautzerter Friedhof bestattet worden. Ich mochte das alles gar nicht glauben. Lautzert gewann an diesem milden Frühlingstag 5:0. In unserem Gespräch, das sich über die zweite Halbzeit hinzog, hatte ich das dritte und vierte Tor gar nicht mitgekriegt.

Was der Älteste mir erzählt hatte, stimmte aber nicht so recht, wie sich herausstellen sollte, es war anders, es war schlimmer. Ich hatte ja nichts davon gewusst, dass da etwas

Walter Hoffmann, vom Nachbarhof in Lautzert (1939)

im Dorf seit Jahrzehnten verschwiegen wurde, konnte doch nicht, zudem als Zugereister, herumlaufen und rufen: He, ihr Alten hier, habt ihr etwas zu verbergen? In der Judenfrage schien Lautzert außen vor, Lautzert war zur fraglichen Zeit *judenfrei*, anders als das Nachbardorf Rodenbach, als Puderbach oder Altenkirchen, wo in heutiger Zeit alljährlich der Zerstörung der Synagogen gedacht wird. Ich hatte ja keine Ahnung davon, dass die Lautzerter buchstäblich eine Leiche im Keller hatten, im Hadamarer Vergasungskeller, wo sie dann spurlos sich in Luft aufgelöst hat und fortan als Unperson in den seelischen Untiefen der Überlebenden, im trüben Gedächtnis der Nachgeborenen herumgeisterte. Beim Aufschreiben ist mir unwohl, mich in solchen Sprachbildern zu verlieren. *Fratze im Kopp.*

Jeden Morgen läuft Karl-Heinz am Fenster meines Arbeitszimmers vorbei, in dem ich ab 10 Uhr sitze und eben nicht arbeite, ich sehe den guten Mann, der mitten im Dorf wohnt, mit seinem Hund dahergehen, das heißt, den Hund Caprice kann ich nur sehen, wenn ich mich vom Schreibtisch erhebe, aber bis ich mich dazu aufgerafft habe, sind sie schon vorbei, sitzend und nicht arbeitend sehe ich nur den schönen braunen Borsalino, wenn es denn einer ist, des Karl-Heinz, schnellen Schrittes geht er unsere Waldstraße aufs freie Feld zu, er schaut nicht einmal herüber, als wisse er, da tut sich nichts, der Mann, also ich, kommt nicht voran, und das ist gut so, mag er denken, Lautzert hat keine Lust auf dessen Literatur, und über das Leben und gar das Sterben der Pauline Leicher will hier niemand etwas lesen, mag er sich sagen, sage ich jetzt, ihn vorbeilaufen sehend, vor mich hin, ohne es aufzuschreiben.

Mit welcher Gründlichkeit hier und überall im Lande die Leute in der Nachkriegszeit all das Üble, das aufgeschrieben gehört, hörst du?, verschwiegen, verheimlicht, verdrängt und wirklich vergessen haben und dann darüber weggestorben sind und erst Nachgeborene und völlig Unbeteiligte sich als Archäologen der NS-Relikte betätigen und Indizien der verbrecherischen Vergangenheit zusammentragen. Und sich nicht einschüchtern lassen von feierlichen summarischen Gedenkveranstaltungen, die unter Umständen den dumpf beabsichtigten endgültigen Kehraus nur beschleunigen.

Gewöhne dir an, sage ich mir, Pauline als eine Verschollene zu begreifen, sie »anzusehen« in ihrem luftigen Umriss draußen, im Freien, auf ihren Wegen, auf den Straßen, die sie gegangen sein mochte in ihrer Zeit, da man noch andauernd zu Fuß unterwegs war. Sieh viel genauer hin, konkreter, individueller, so dass auf einmal, woher nur?, eine Ahnung dich anfliegt von der fortwährenden Präsenz derer, die mit Gewalt diesem Leben entrissen wurden. Wo habe ich das gelesen, als Zitat? Ist man einmal auf der richtigen Spur, kommen einem die schreibenden Komplizen zu Hilfe, eher die abgeschiedenen als die lebenden, deren Gegenwärtigkeit mich (und sie selbst) naturgemäß blockiert. Wie schaffe ich also, frage ich mich seit geraumer Zeit immer dringlicher, für meine Pauline die ihr gebührende kleine Ewigkeit?

Komplizentum zeigt sich dir auch in der gedämpften Atmosphäre von Präsenzbibliotheken und Archiven, damit die hier Forschenden sich nicht gegenseitig ablenken, vor allem aber, um die Geister, die über den aufbewahrten Papieren schweben, nicht zu verstören. Der Flüsterton hier als Mindestrespekt, den wir ihnen schulden, erst dann vermitteln sie uns möglicherweise einen vorsichtigen Hinweis auf jene *Unzerstörbarkeit ohne Fortdauer*, von der Paul Deussen so paradox gesprochen hat.

Landeshauptarchiv Koblenz 2022

Gleich am nächsten Morgen, nachdem ich in der Nacht endlich den Entschluss gefasst hatte, meine Recherchen im Fall der Pauline Leicher zielführend, wie heute gesagt wird, voranzutreiben, rief ich das Standesamt meiner Verbandsgemeinde an und sagte der zuständigen Mitarbeiterin, das mir von ihr vor Monaten mitgeteilte Todesdatum könne nicht zutreffen, ich würde jetzt den Antrag stellen, es ganz offiziell ändern zu lassen, sie erhalte von mir noch heute in Kopie einen amtlichen Nachweis aus dem hessischen Landeswohlfahrtsverband, aus dem eindeutig hervorgehe, dass diese Pauline Leicher bereits drei Wochen vorher zu Tode gekommen sei.

Die Beamtin zeigt sich überrascht, sie habe, sagte sie, meine frühere Anfrage schon wieder vergessen, und bat mich, noch einmal den Namen der angefragten Person zu nennen, der Vorgang sei ihr momentan nicht mehr präsent, und dass jemand die Korrektur im Personenstandsregister beantrage, sei ihr auch noch nicht vorgekommen, sie erbitte sich daher etwas Zeit, um sich in dieser Angelegenheit kundig zu machen.

Ich wollte den Elan meiner nächtlichen Beschlussfassung nicht verlieren und schrieb ihr umgehend, dass die aus der Heil- und Pflegeanstalt Andernach, wie sie damals genannt wurde, in die Anstalt Hadamar verbrachte Pauline Leicher gleich am Ankunftstag dort umgebracht worden sei, nebst neunundachtzig anderen zwecks Tötung in einem Sammeltransport Herbeigekarrten. Im Sinne der Aufbewahrung gesicherter Fakten, nicht zuletzt für eventuelle spätere historische Forschungen, beantrage ich, schrieb ich, das Todesdatum der Pauline Leicher offiziell richtigzustellen, dabei aber die falsche Eintragung nicht etwa auszulöschen, sondern in einem Sondervermerk auffällig beizubehalten, damit die Euthanasie-Praxis der Hadamar-Verwaltung auch im Amt Puderbach dokumentiert bleibe, die darin bestanden habe, den Angehörigen das Ableben ihres Familienmitglieds scheinbar durchaus einfühlsam mit Bedauern mitzuteilen, nachdem dieses, im konkreten Fall also die Pauline, bald nach der Einlieferung schwer erkrankt und gestorben sei. Diese mörderische Täuschungsprozedur, selbst wenn sie längst bekannt und entlarvt worden sei, dürfe im Einzelfall nicht einfach fortgeschrieben werden, so als habe alles zumindest bürokratisch seine Richtigkeit. Den Bürokraten der Gaskammern könne man diese nun über achtzig Jahre währende Fälschung nicht länger, nicht für alle Zeiten durchgehen lassen. Mit freundlichen Grüßen aus Lautzert etc.

Im Anhang konnte die Standesbeamtin den Bescheid der Professorin Christina Vanja lesen, welche im Auftrag des hessischen Landeswohlfahrtsverbands mir bereits vor vier Jahren die entsprechenden Auskünfte übermittelt hatte. Damals war mir aufgefallen, dass die Archivdirektorin, die als Quelle eine Akte der Generalstaatsanwaltschaft Frankfurt angab, in ihrer sehr knappen, sehr sachlichen Email von einer *Verlegung* der Pauline von Andernach nach Hadamar gesprochen hatte. Von einer Verlegung konnte aber bei den Todeskandidaten nun wahrlich nicht die Rede sein, auch diese verlogene Nazi-Sprechweise, so mein Empfinden wohl schon vor vier Jahren, wirkte im heutigen Amtsdeutsch weiter fort.

Nur eine Woche später erhielt ich vom Standesamt Puderbach die knappe Mitteilung, dass das Todesdatum der Pauline Leicher infolge meiner Recherche im Geburtenregister berichtigt werde. Ich war erfreut, da war mir etwas gelungen, ein ganz kleiner Schritt in Richtung eines dauerhaften Gedenkens, die dreiwöchige Lebensverlängerung auf dem Papier war damit zurückgenommen, eine böse Banalität (nein, eine Banalität war das nicht!) in den Akten getilgt, eine scheinbare Minimalschande, die aber das dahinter liegende Maximalverbrechen verriet.

Dann aber fragte ich mich, warum diese Änderung im Geburtenregister und nicht im Sterberegister erfolgte, und ob auch der Todesort Hadamar vermerkt sei, würde ich von der Beamtin noch telefonisch wissen wollen, musste mich aber gedulden, denn am heutigen Freitag wollte ich der Behörde nicht mit einer historischen, letzten Endes abgeschlossenen, allenfalls punktuell zu korrigierenden Angelegenheit zur Last fallen, der Tag der Deutschen Einheit stand vor der Tür, stürmisches Wetter, die Pandemie hatte zwar ihren ersten Schrecken aus dem Frühjahr verloren und es wurde allenthalben wieder ordentlich gefeiert und Fußball gespielt, aber nun hatte es den prominentesten Covid-19-Leugner, den amerikanischen Präsidenten, selbst getroffen. Die Vollendung in der Sachbearbeitung der Personalie *Leicher, Pauline* hatte nun schon so lange geruht, dass eine finale Anpassung ans Ordnungsgemäße jetzt keine Eile hatte. Doch ich fragte, hakte nach: Geboren in Lautzert und gestorben in Hadamar – die Eintragung des Todesfalls und des Sterbeorts im Geburtenregister sei eine Formsache, erläuterte mir die Beamtin, aber ich blieb in diesem Punkt uneinsichtig bzw. begriffsstutzig.

Wochen später. Die Seuche trieb auf einen neuen Höhepunkt zu. Die Zahl der Tagestoten stieg und stieg, die Gesamtzahl überschritt die Zehntausend, so dass ich nicht umhin konnte (wirklich nicht?), an dieselbe Opferzahl in Hadamar von Januar bis August 1941 zu denken. Inzwischen war auch der Gesundheitsminister an Corona erkrankt und befand sich in Quarantäne. Und gehörte nicht auch ich zu einer der Risikogruppen? Zu den Gefährdeten, den Auszugrenzenden oder bereits Ausgegrenzten, zu denen, die man möglichst mied, denen man tunlichst aus dem Weg ging und bei denen, falls sie als Schwerstkranke zu behandeln waren, alles auf eine ethische Verantwortungsgrenze zusteuerte, jenseits derer entschieden werde müsste, ob es nicht geboten sei, jüngere, arbeitstaugliche, im Erwerbs- und Zeugungsalter Stehende effizient auf den Lebenserhalt hin zu versorgen und das geringfügig frühere Ableben von Älteren in Kauf zu nehmen? Und ihnen das Lebensatemgerät vorzuenthalten?

Der Lesesaal im Landeshauptarchiv Koblenz war mittlerweile geschlossen. Bei meinem letzten Besuch geriet ich mit einem jungen Mann, der einen älteren Rollstuhlfahrer begleitete, aneinander. Auf einmal bekam dieser Jüngere einen Hustenanfall, und es schnaubte aus dem offenbar schwer Erkälteten gewaltig heraus, ich blickte unwillig auf. Tut mir leid, sagte er, oder sagte er das modische sorry, ich: das sei unzumutbar, er darauf: krieg sonst keine Luft, klar, so ich, zischelnd, aber Sie dürfen in Ihrem Zustand doch nicht einen öffentlichen Raum aufsuchen. Der Behinderte im Rollstuhl blieb scheinbar unbeteiligt, vertieft in seine Archivalien. Ich merkte, wie empört ich war. Dabei lag das Allerempörendste, mich still anschreiend, vor mir auf dem Tisch, amtsärztliche Papiere, die Paulines Passionsweg als unnütze, überflüssige *Ballastexistenz* auf ein Mitte der 30er Jahre noch verschleiertes Ende hin vorbereiteten.

Warum kann ich mir keine Pauline-Leicher-Erinnerungsveranstaltung in Lautzert vorstellen, mit weinenden Dorfbewohnern und Angehörigen, heimgesucht vom Unglück der späten Geburt und der Frage, ob der Gastod des Paulinchen nicht doch hätte verhindert werden können, wenn schon nicht von der Familie, dann von mutigen (listigen) Nachbarn und Freunden. Alles leicht gesagt (ausgedacht) und risikolos hingeschrieben, und von Gott ganz zu schweigen, Frau Pfarrerin. Einerseits ärgere ich mich, dass ich auch in Paulines Fall zu spät komme bzw. zu lange gewartet habe und inzwischen fast alle Zeitzeugen tot sind, gestorben eines sogenannten natürlichen Todes. Andererseits hätte ich nur ungern jemanden bezichtigen wollen, etwa wegen moralisch »unterlassener Hilfeleistung«! Aber für eine Totenehrung ist es noch nicht zu spät, wenn sie denn nur endlich einmal stattfindet. Auf eine Weise, dass nach menschlichem Ermessen ein Vergessen unwahrscheinlich ist. Oder doch, oder umso wahrscheinlicher, weil der Fall dann abgehakt ist?

Das Schweigen des Dorfes über das Verbrechen an diesem einen Menschenkind aus seiner Mitte ist entsetzlich, dieses Schweigen ist erklärlich, aber es ist unheimlich.

Zur Sache. Nein, zur Person!

Kindheit im Kaiserreich

Geboren wurde Pauline Leicher am 5. Juni 1904, einem Sonntag. Gleich am 11. Juni taufte sie der Ortspfarrer Reinhard Julius Bonnet »als 5. Kind und 3. Mädchen« von Heinrich und Wilhelmine Leicher, so sein Eintrag im Kirchenbuch der evangelischen Gemeinde Oberdreis.

Ein Kind vom Lande, ein Kind des Westerwalds, hineingeboren in eine rechtschaffene Arbeiterfamilie mit Vater, Mutter, Brüdern, Schwestern in einem eigenen Heim, wie karg auch immer, in einer zwar armen, aber geordneten Dorfgemeinschaft. Also nicht die schlechtesten Bedingungen, um dort aufzuwachsen und groß und stark zu werden, ganz anders als in den Hungersnöten fünfzig Jahre zuvor. Indes gab's in Lautzert noch kein elektrisches Licht und das Wasser wurde von einem der sieben Dorfbrunnen geholt. Der Gemeindebrunnen befand sich auf dem Schulhof. Etwa 160 Leute lebten hier in dieser nun schon vierhundert Jahre währenden Waldeinsamkeit, in diesem abgelegenen, abgehängten Dorf, um ein Wort von heute zu gebrauchen. Neuigkeiten wurden von einem Ausrufer verkündet, der mit der Dorfschelle herumging. Die Männer waren traditionelle Kleinbauern oder schafften als Arbeiter in den Fabriken nah und fern, in Stein- und Quarzitbrüchen, als Tonstecher und Basaltkipper.

Nein, Pauline kam nicht zur Unzeit zur Welt. Im Gegenteil, es war eine andauernde Friedenszeit, in welcher, mit dem Historiker Sebastian Haffner gesprochen, es Spaß gemacht haben muss, ein Deutscher zu sein. Ein neues Jahrhundert verhieß zunehmenden Wohlstand, selbst für die Armen. Soziale Grundfragen waren fürs erste leidlich beantwortet, der Rechts- und Sozialstaat bot seit Bismarck mehr und mehr Schutz auch für die unteren Schichten. Im wilhelminischen Kaiserreich hegten die Untertanen berechtigte Hoffnungen auf eine stabile Zukunft, auf Teilhabe am technischen Fortschritt. Und die da oben, allen voran der Monarch, sonnten sich im Nationalstolz, der Erbfeind war gedemütigt, in der Völkerfamilie kam keiner am Deutschen Reich vorbei.

Die Leichers – aber das sagte man nicht, es waren die *Leichersch* – wohnten mitten im Dorf auf der Bismarckstraße. Den Namen des alten Reichskanzlers trug sie seit 1891. Zu Ehren des Kaisers hatte man, wenn man Lautzert verließ, an der nächsten Straßenkreuzung Richtung Steimel und Puderbach einen sogenannten Kaiser(eichen)garten angelegt. Von der Lautzerter Höhe ging es hier strack hinab ins Tal nach Oberdreis mit seiner schönen Kirche und der uralten Linde davor. Lautzert und Oberdreis bilden mit einem dritten Ortsteil, dem Dörfchen Dendert, von alters her eine Ortsgemeinde, etwa dreißig Kilometer von Neuwied und fünfzig von Koblenz entfernt. In Puderbach und Altenkirchen verkehrte die regionale Holzbachtalbahn. Hauptfortbewegungsmittel blieben für den Alltag auf dem Lande naturgemäß die Beine.

Pfarrer Adam Deussen, ein Vorgänger von Pastor Bonnet, beklagte des öfteren im Zorn die geistige Armut seiner Schäfchen, will sein Sohn Paul gehört haben, der Seelsorger sprach gar von der Westerwälder »Zurückgebliebenheit, Verkommenheit und Dummheit«, aber ganz so krass kann es nicht gewesen sein, denn immerhin blieb er vierzig Jahre in seiner Gemeinde und ließ sich später hier auch bestatten. Der Westerwald war nicht immer so hinterwäldlerisch gewesen, sondern vor der Industrialisierung ein lebhaftes Durchzugsgebiet, hochbeladenes Pferdefuhrwerk, dazu viel Fußvolk, darunter auch Quacksalber, Bettler, Mäckeser, verkehrten hier auf den wichtigen Handelsstraßen zwischen den Messestädten Köln, Leipzig und Frankfurt. Der Eisenbahnbau verlagerte dann den Handelsverkehr in die Flusstäler, und der Westerwald geriet einstweilen, zur Lebenszeit der Pauline Leicher, wieder ins Abseits; erst der anschwellende

Schornstein der Tonzeche Oberdreis (bis 1984)

Autoverkehr nach dem Zweiten Weltkrieg, die Allmacht des Verbrennungsmotors auf den Straßen, den flurbereinigten Feldern, in Wäldern und Gärten, hat den zivilisatorischen Anschluss wiederhergestellt.

Vom frühindustriellen Rand des Westerwalds stammten auch Paulines Vorfahren. Die Großeltern väterlicherseits, der Fabrikarbeiter Anton Leicher und seine zweite Frau Anna Maria, geborene Bender, lebten in Mudenbach, einem Nachbardorf im Oberwesterwaldkreis. Ihr Sohn Heinrich, Fabrikarbeiter auch er, sollte später, als er sich zum Ende des 19. Jahrhunderts anschickte, eine eigene Familie zu gründen, nach Lautzert ziehen. Die mit dem Fahrrad oder auch zu Fuß leicht erreichbare Tonzeche in Oberdreis wird diesen Schritt begünstigt haben.

Sie trug den schönen Namen »Guter Trunk Marie«. Weithin sichtbar der 60 m hohe Schornstein. Die hochwertige, eisenarme Tonerde wurde in den eigenen Oberdreiser Gruben abgebaut, in Loren verfüllt, geformt und im Ringofen der Zeche u. a. zu feuerfesten Drainagerohren, Dachpfannen und Schamottsteinen gebrannt, die dann mit einer Feldbahn über Roßbach zur benachbarten Raubacher Hütte und von dort weiter zu den Hochöfen im Ruhrgebiet transportiert wurden.

Nicht wenige Westerwälder waren gleich selber ins Ruhrgebiet gegangen und bei Alfred Krupp in Essen beschäftigt. Bemerkenswert, dass es in Essen-Bredeney, wo die neuen Wohlhabenden ihre Herrenhäuser errichteten, eine Westerwaldstraße gab (und gibt). Die Westerwälder dort lebten anfangs regelrecht kaserniert, später aber als ordentlich versorgte »Kruppianer« in wohnfreundlichen Arbeiterkolonien in unmittelbarer Nähe zum Werksgelände. So auch Paulines Großeltern mütterlicherseits, Heinrich und Katharine Meutsch aus Borod, einem Nachbardorf von Mudenbach. 1872 kam in Essen ihre Tochter Wilhelmine zur Welt.

Diese Wilhelmine Meutsch hatte 1896 der ein Jahr ältere Heinrich Leicher geheiratet. Nach ihrer *Huchzeit* bezogen Heinrich und Wilhelmine, genannt Minna, in Lautzert ein kleines Fachwerkhäuschen, in der Nachbarschaft des Gasthofs Gabler und der Schule. Es stand auf einem Sockel aus Bruchstein, hatte schmale Balken und nur wenige Fenster, eine Mann-Figur als Strebenkreuz sicherte die Fassade zur Straße hin, Schmuck und unheilabwehrendes Symbol zugleich.

Noch im Jahr der Eheschließung wurde ihr erstes Kind geboren. Naturgemäß erhielt der Stammhalter den kaiserlichen Vornamen Wilhelm. Es sollten sieben weitere Kinder folgen, die zusammen in einem Raum im oberen Stockwerk schliefen, durchaus kommod auf Strohsäcken. In den Jahren seiner Pubertät litt Wilhelm Leicher offenbar an einer Lungenkrankheit, so dass der Kreisphysikus eine zeitweilige Unterbringung in Bethel anordnete.

Paulines Elternhaus (rechts)

Es ist unsicher, ob Heinrich Leicher jemals auf der Oberdreiser Tonzeche gearbeitet hat. Deren schwankende Auftragslage sowie die niedrige Entlohnung – sein Tageslohn dort entsprach dem Gegenwert von 1 ½ Roggenbrot – wird ihn abgeschreckt haben. Ihm, dem Ernährer einer jungen Familie, schien die Stahlindustrie in der alten Siegerländer Heimat der Leichers eine sicherere Zukunft zu bieten. Viele Kumpel und auch sein Bruder Karl hatten Arbeit auf der expandierenden Charlottenhütte gefunden, beide hatten ihre früheren Berufe als Schneider bzw. Schuhmacher, aufgegeben, und so zog es auch Heinrich vor, dort, an der Landesgrenze bei Niederschelden, in einem modernen Hüttenbetrieb zu arbeiten, mit dem Nachteil, nur an den Wochenenden oder wechselschichtbedingt an anderen Tagen nach Hause fahren zu können, mit der Bahn an der Sieg entlang bis Altenkirchen. Hier hatte er sein Fahrrad abgestellt. Übernachten konnte er an den Arbeitstagen bei seinem Bruder Karl, was natürlich angenehmer war als die Unterbringung in einem Schlafhaus, einer »Menage«, wo sich die Arbeiter zu zweit ein Bett teilten. Wenn der eine von der Nachtschicht kam, ging der andere zu seiner zwölfstündigen Tagschicht. So hatten sie immer ein warmes Bett …

Oder entfloh Heinrich Leicher seinem neuen Zuhause, wo er, wenn er ehrlich war zu sich selbst, noch gar nicht recht Fuß gefasst hatte? Er war zwar in dem nur wenige Kilometer entfernten Mudenbach großgeworden, schwätzte jedoch ganz annerschter als die Ureinwohner hier, nämlich mit rollendem R, wie auch sein Bruder Karl im Siegerland, bei dem das R sich amerikanisch anhörte.

Ihrem zweiten Sohn, geboren 1898, gaben die neuen Lautzerter den Namen Karl. In der Folge, ein übers andere Jahr, kam ein weiteres Kind hinzu, zunächst hintereinander drei Mädchen, 1898 Emilie, 1902 Minna und 1904 Pauline, dann die Söhne Gustav, 1906, und Fritz, 1910, und schließlich,

1912 Anna, in schöner Parität also vier Söhne, vier Töchter. Davon zu sprechen, dass die Mutter Wilhelmine achtmal in guter Hoffnung war, wäre unrichtig, alles geschah unter zeitgemäßem hoffnungslosem Gebärzwang. Doch kaum war sie mit dem achten Kind niedergekommen und hatten sie, wohl eher sie als er, Heinrich, mitten im Krieg möglicherweise entschieden: Jetzt ist es genug, jetzt muss es gut sein – da meldete sich der Tod.

Doch vorerst zurück zu Paulines frühesten Kindheitsjahren, die keineswegs so unglücklich verliefen, mutmaße ich, wiewohl ahnungslos in diese fremde Zeit zurückblickend. Die Eltern waren ja keine Bauersleut, hatten aber ihren kleinen Bauerngarten, ein paar Hühner, einen Stall hinterm Haus, vielleicht mit einem Schwein darin, zwei Ziegen. Mittendrin die Kinderschar, Friedenskinder sie alle, auch dat Paulinchen, mit Kinderarbeit in Haus und Hof, aber auch mit Lachen und Spielen, mit normalen Kindertränen, normalem Es-nicht-erwarten-Können, was dat Chreskennchen bringt.

Dem kleinen Mädchen Pauline war beileibe nichts Absonderliches anzusehen, im Gegenteil, sie war bildhübsch, so hat es sich überliefert, und das hübsche Aussehen schützte sie. Angenommen, sie wurde draußen im Dorf oder in der Schule, wo ihr langsameres Denken zutage trat, dann doch gehänselt, konnte sie immerhin mit ihren älteren Brüdern drohen. Sie war so klein, dass sich die Verniedlichungsform Paulinchen aufdrängte, die ohnehin aus dem Struwwelpeter populär war, es bedurfte keines weiteren Spitznamens, sie kam auch später nie über die Größe von 149 cm hinaus. Zu Hause, im niedrigen Fachwerkhaus, war das nicht von Belang. Ich stelle mir vor, wie sie da in dumpfer Stube beisammen sind, mit all dem Trübsinn und Trott, den kleinen Tragödien des Tages, aus denen sie hin und wieder entfliehen, zum Beispiel zum großen Viehmarkt in Steimel mit sei-

Beilstein in Oberdreis

nen jüdischen Händlern, mit den Spielleuten, Gauklern und Artisten, oder zum Simon-Juda-Markt nach Altenkirchen.

Kinder des Basalts und des Ginstergebücks. Ist Pauline auf den Beilstein geklettert, jenen imposanten haushohen Basaltkegel mitten im Oberdreiser Wald? Die kleinen Kinder kommen hierher, hieß es aus dem Munde der Älteren, das mit dem Storch sei ein Märchen. Konnte sie auf zwei Fingern pfeifen? Verteilte sie Juckpulver auf die Geschwister? Wehrte sie sich mit Zunge rausstrecken, Doof zeigen? Spielte sie Verstecken in der Fürstenheck? Sah sie den schreckensstarr verharrenden Hasen im Wiesengrund? Oder sah sie im Gegenteil wintertags, wenn am Hüllenstück nahe dem Totenhof die Straße meterhoch zugeweht war, die Hasen über den Schneewall flitzen, wo sie dann die Knospen von den Obstbäumen abfraßen? Lag sie im Sommer im Schatten eines Baumes, den sie, sicher dat, bei seinem Namen kannte? Pflückte sie sich einen Kaiser Wilhelm? Schmiss sie mit Perdsäppeln? Ahmte sie es nach, das zufriedene Grunzen des Hausschweins im Kober?

Eines meiner Inbilder: Sie hockt bei den Küken, den Bibchen. Der Vater schlurft heran, bringt ihr ein paar Zoggerstäncher, er raucht seine Zigga, es ist Sonntag und schön langweilig. Jetzt jagt ein junges Huhn über den Hof, einfach so, aus Lust am schnellen Vorwärts, bleibt urplötzlich stehen, scheinbar erstaunt, dass da niemand ist außer ihm, dass es ganz allein ist. Natürlich drücke ich mich so lange wie möglich vor dem Schrecklichen, wenn ich hier neben den üblichen Bekümmernissen das kleine Glück von Paulines Anfang in dieser Welt ein wenig ausmale, ohne aber ein Dichterwort aus jener Zeit zu vergessen: Das Schöne ist nichts als des Schrecklichen Anfang. Zu diesem Schönen gehörte sicherlich eine heute unbekannte Stille im Lande, wie auch die alle Abende wiederkehrende Dunkelheit über dem Dorf. Sage ich über hundert Jahre später, wohl wissend, dass besonders den Jüngeren in der Famillich das Leben bei Tageslicht gewiss lieber war.

Ja, sie war wohl etwas schwer von Kapee, begriffsstutzig, nein: saumselig, und Kinder sind grausam. Aber in einer einklassigen Volksschule mit der dorfeigenen Inklusion griff der Lehrer durch, und es konnte sich ja jeder öffentlich vor den anderen blamieren, kaum einer war auffällig klüger als die anderen. Der Lehrer Karl Kaltbeitzer hatte ihnen, als die Irrgänse über die Schule flogen, die Himmelsrichtungen erklärt: Südwestlich, nach Oberdreis hin, ragt der hohe Schornstein der Tonzeche in die Luft, nach Osten reicht der Blick bis zum Schloss Hachenburg, im Westen zeichnen sich bei klarem Himmel drei der Hügel des Siebengebirges ab. Heimatkunde war Schulstoff, aber in Geographie und Geschichte mochte Pauline nicht aufpassen. Das Rechnen klappte prima, jedenfalls das kleine Einmaleins – zu Hause waren sie ja zu zehnt. In den anderen Fächern kam sie durchaus mit, und ein Gut bekam sie im Fach Handarbeit. Gut waren auch ihre Kopfnoten.

Zu Hause wurden das Stricken, Häkeln und Nähen fortgesetzt, nicht als Freizeitbeschäftigung – dieses Wort, geschweige denn das damit Gemeinte, existierte gar nicht – sondern als familiäre Mitarbeit. Den Mädchen wurde beigebracht, wie man Kleider, Röcke, Socken oder Kopfkissen fertigte, wie man Zerlöchertes flickte. Am Nachmittag, am *Nomidach,* hütete sie vielleicht die Ziegen hinterm Haus. Musste Pauline mitmachen beim Absammeln der Kartoffelkäfer? Sie fürchtete sich vor den Gänsen auf der Dorfstraße, vor Gewitter. Sie hielt sich die Ohren zu, wenn sie vom Hof der Wirtsleute nebenan das Kollern des Truthahns hörte. Oft war sie nicht recht bei der Sache, stieß die Milchkanne um, ließ Eier fallen, du Dusseldier, rief die Mutter.

Die Mutter hatte alle Hände voll zu tun und hoffte, dass es mit Pauline auf die Dauer schon klappen würde und es nicht so schlimm käme wie mit Emilie. Aus Emilie brach es dann und wann gewittrig grollend hervor, Pauline war dagegen der reinste Sonnenschein, ein liebes, ruhiges Kind, war die Unschuld. Freilich ließ sie das kleinste Ungemach bitterlich weinen. Ihre von vielen Tränen fleckige Schürze. Die rätselhafte Schwester Emilie war unberechenbar, konnte ausrasten, hatte zwar ihre ruhigen Phasen, denen dann aber Schübe schwerster Verstörung folgten, die sie alle im Haus in Furcht und Schrecken versetzten. Dann wieder war sie sehr verständig und packte an. Pauline fürchtete sich vor Emilies Stielaugen.

Ich hätte ihr natürlich sehr gerne liebevolle oder eigenwillige Großeltern zugeschrieben, aber auch darüber gibt es nichts zu erzählen. Das ist schade, denn oft sind es die Großväter und Großmütter, die dank ihrer Lebensweisheit und ihrer Erfahrung einen beruhigenden Einfluss ausüben, der über die Tagespflichten hinausreicht, über den Horizont der Kindheit, der Schulzeit hinaus und schon vom Ende her, vom baldigen Abschied überschattet, nein besser, beleuchtet wird. Verwandte kamen vermutlich nicht oft zu Besuch nach Lautzert, dafür war das Häuschen zu klein, als dass man an einer großen Tafel hätte zusammensitzen können.

Wer sich nun doch ein Bild von ihr, von ihren Geschwistern machen will, nehme sich August Sanders Werk *Antlitz der Zeit* vor oder schaue hierfür ins Internet. Es gibt von ihm just aus der Zeit der jungen Leicher-Familie die Fotografie »Landproletarierkinder«: als stünden dort, fein herausgeputzt, Wilhelm, Karl, Emilie und die kleine Pauline, die Jungs in der Mitte, umrahmt von den Mädchen, diese in gepunkteten selbstgenähten Kleidern aus dem gleichen Stoff, mit weißem gestickten Kragen, die Brüder, unschön kurzgeschoren, auch sie identisch gekleidet in Jacken und Hosen aus derbem dunklen Leinen, tragen hohe blankgeputzte Schnürschuhe, Karl mit verkrampfter Hand am Gürtel, verbissen

August Sander: Landproletarierkinder, 1914

dreinblickend der Älteste, Emilie, ihr langes dunkles Haar »zigeunerisch« in zierlichen Zöpfchen, stiert wie geistesabwesend am Betrachter vorbei, Pauline ängstlich. Sie halten sich an den Händen, mit dem für Sander üblichen finsteren Widerstandsblick, sie fühlen sich gezwungen, beleidigt, belästigt in ihrem Sonntagsstaat, lassen spüren: das stimmt alles so nicht, was kommt da nur auf uns zu. (Ja, gewiss, alles von mir hineinprojiziert.)

Der Lautzerter *Schulmeester* war seit Jahrzehnten derselbe. Karl Kaltbeitzer, autoritär und unsensibel, wusste auf seine Weise mit der Landjugend umzugehen. Er war noch von Pfarrer Adam Deussen, dem Vater des Philosophen Paul Deussen, in sein Amt eingeführt worden. 43 Jahre lang übte er sein Lehramt aus, dienstbeflissen trotz oder dank regelmäßiger obrigkeitsstaatlicher Kontrolle. Am 18. Juli 1911 hatte er eine Revision durch den Altenkirchener Kreisschul-

Schulkinder in Lautzert (um 1900) mit Lehrer Kaltbeitzer

inspektor zu überstehen. Unter den 38 Schülern befanden sich auch die Leicher-Kinder Karl, Emilie, Minna und die Erstklässlerin Pauline.

Mit den Leistungen in der Unterstufe war der gestrenge Inspektor zufrieden. In Biblischer Geschichte wurde »Der Jüngling zu Naïn«, dessen Leiche laut Lukas zum Leben erweckt wird, wörtlich mit Sprüchen und Liedervers vorgetragen, wie es wörtlich im Protokoll heißt. Die Älteren nahmen die *Schwäbische Kunde* von Ludwig Uhland durch, in welcher Heldenballade bekanntlich der wackre Schwabe zum Schlag ausholt und dann zur Rechten wie zur Linken einen halben Türken von seinem Gaul heruntersinken sieht. Die Fragen waren vorbereitet, die Antworten einstudiert und wurden im Chor von den Schülern hergesagt. Der Lehrer rede viel zu viel, monierte der staatliche Besucher, und dies in allgemeinen Formeln. Im übrigen machten die Schüler auf ihn einen schlechten Eindruck: sie seien geistig und auch körperlich wenig entwickelt, und der Lehrer selber offenbare immer wieder erhebliche eigene Bildungslücken, etwa in der Raumlehre. Im Ganzen genügend, so die harte, beinahe vernichtende Beurteilung des Vorgesetzten. Wahrscheinlich genügte das dem preußischen Dorfpädagogen aber, die kommenden Jahre bis zur Pensionierung würde er einfach so weitermachen. Doch am Ende starb er, 1921, vorzeitig an sogenannter Nervenzerrüttung.

Karl-Heinz, mein jüngerer Gewährsmann aus Lautzert, hat mir eine uralte Fotografie aus der Zeit vor der Jahrhundertwende zugemailt, ein Schreckensfoto, auf welchem die vor dem Schulgebäude mit Lehrer und Pfarrer versammelten Schulkinder derart verängstigt, feindlich, unfroh zum Fotografen blicken, dass es den Betrachter jammert.

Eigentlich hätte auch der neue Pfarrer, der wenige Tage zuvor die Oberdreiser Pfarrstelle angetreten hatte, in seiner Funktion als Ortsschulinspektor zugegen sein müssen, aber Franz von Bernus hatte sich krank gemeldet und sich damit die Mitwirkung bei diesem Provinz-Schauspiel hoheitlicher Machtausübung und Einschüchterung erspart.

Lautzerter Schulmädchen vor 1900

Noch zwei Jahre zuvor war der Weltbürger und Indien-Reisende Paul Deussen von Kiel aus mit seinen Kindern Erika und Wolfgang in den Westerwald gefahren, um ihnen seinen Geburtsort zu zeigen. Vom Bahnhof Altenkirchen aus marschierten die drei, vorbei an Oberwambach und Lautzert, bis zum Kaisergarten, von wo aus sie das Heimatdorf in abendlicher Beleuchtung vor sich sahen. Da es dort aber für Reisende, nicht anders als heute, keine Bleibe gab, wanderten sie weiter nach Puderbach, um erst am nächsten Morgen Oberdreis samt Pfarrhaus, Kirche, Töpferwerkstatt und Ölmühle einen Besuch abzustatten.

Warum sind sie nicht die paar Schritte nach Lautzert gegangen, um im Gasthof Schumacher (Gawelersch) zu übernachten? Vermutlich hatte der Philosoph das Dörfchen in kümmerlichster Armut in Erinnerung. Den Stumpfsinn der Leute hier. Die dumpfe Unvernunft. So hat die kleine Pauline dem großen Paul hier nicht über den Weg laufen können. In Puderbach, wo sie sich ein ordentliches Hotel erhofft hatten, fanden sie nur eine heruntergekommene Absteige vor.

Dass ihn damals in der eigenen Jugend sein Freund Friedrich Nietzsche hier in Oberdreis besucht hatte! Der war ja auch immer gut zu Fuß gewesen. Nietzsche, als Wiederkehrer, als Rückkehrer, wäre vielleicht für ein paar Tage im Gasthof Schumacher bzw. Gabler abgestiegen, nein, wohl doch eher in einem Privathaus, und wäre gewiss, in der Fantasie besteht da kein Zweifel, mit der kleinen Pauline spazieren gegangen, wach und fürsorglich für Schwache, für geistig Arme, voller Mitleid für Leidende, die er in seinem radikalen Denken geschmäht, in der Wirklichkeit aber geliebt hat, er war ja selbst von schwacher Konstitution. Schon im Hause Deussen hatten es ihm, der hier seinen 20-jährigen Geburtstag feierte, der lahme Schneider und besonders der taube Schuster angetan, gerade deren Fragen und eigenwillige Aussagen, die einfachen Menschen verstand er sehr gut

August Sander, Ansichtskarte 1915

und fühlte sich auch von ihnen verstanden. Die beiden also, ich meine Fritz und Pauline, sie wären zum Beispiel zum geheimnisvollen Beilstein gegangen und hätten hernach in die Tongruben der Zeche Guter Trunk Marie gestarrt. Und vielleicht kreiste über ihnen der Rote Milan. »Wenn Du lange in einen Abgrund blickst, blickt der Abgrund auch in dich hinein«, murmelte Nietzsche.

In Paulines Geburtsjahr 1904 publizierte der österreichische Lehrer Hans Bösbauer ein *Handbuch der Schwachsinnigenfürsorge mit Berücksichtigung des Hilfsschulwesens*. Im Sinne einer öffentlichen Vorsorge sollten die geistesschwachen Kinder in Hilfsschulen gefördert werden aus christlichem Geist, zwecks Besserung und Milderung. Heilen könne man sie nicht, heißt es darin, ein verkrüppeltes, verkümmertes Gehirn lasse sich ebenso wenig ergänzen wie ein amputiertes Glied des Körpers. Aber anders als in barbarischen Zeiten, in denen man »blödsinnige, idiotische, kretinöse, lahme, blinde, verkrüppelte, taubstumme und blinde Kinder« wilden Tieren aussetzte oder in einen Abgrund stürzte, gewähre das Christentum solchen armen und elenden Geschöpfen das Recht auf eine menschenwürdige Existenz.

Nein, eine Hilfsschule gab es auf dem Westerwald nicht, da war das Miteinander aller *Kenner*, aller Dorfkinder ohnehin das Beste. Hinterwäldlerische Abgelegenheit sicherte dem Paulinchen einstweilen den Schutz der ihr vertrauten Umgebung. Aussondern, frühes Selektieren wäre da kontraproduktiv gewesen. Wann genau sich deutliche Defizite bei Pauline bemerkbar machten – darüber ist nichts bekannt, immerhin hatte sie rechnen, schreiben, lesen gelernt und verfügte über eine kindgemäß ausreichende Allgemeinbildung. Dem pädagogischen Oberinspektor war kein einzelner, bedenklich geistig Zurückgebliebener aufgefallen, das I-Dötzchen Pauline sowieso nicht, er hatte die Lautzerter

Volksschüler ja im ganzen für geistig und körperlich unterentwickelt erklärt.

Zu dieser Zeit war die Diskussion unter Gelehrten und Wissenschaftlern längst darüber im Gang, wie mit Menschen, schwerbehindert von Geburt an, nach Arbeitsunfällen in den neuen Industrien oder jetzt ab 1914 infolge des Weltkriegs, umzugehen sei. Von Darwin beeinflusst, hatte Nietzsche, kurz bevor er in geistige Umnachtung fiel, in seiner Schrift *Der Antichrist* radikal das alte Wertesystem auf den Kopf gestellt und darin provozierend geäußert: »Die Schwachen und Mißrathnen sollen zu Grunde gehn: erster Satz unsrer Menschenliebe.« Nietzsche selbst wurde dann ein Jahrzehnt lang von Mutter und Schwester aufopfernd, wie gesagt wird, gepflegt und starb vier Jahre vor Paulines Geburt. Der deutsche Soldat hatte zur Stärkung seiner Kampfmoral in den Schützengräben, zur Überwindung seines Entsetzens über das vieltausendfache Töten und Verrecken, ein anderes Nietzsche-Buch im Tornister, den *Zarathustra.*

Ebenfalls in Paulines Geburtsjahr hatte der große Zoologe und Denker Ernst Haeckel sein Werk *Die Lebenswunder* veröffentlicht. Damit sich ein Volk »männliche Kraft und rauhe Heldentugend« erhalte, empfahl Haeckel neben der natürlichen Auslese auch eine künstliche Züchtung und nannte als Beispiel die Spartaner, die schwächliche, kranke oder missgebildete Neugeborene töteten. Den Ersten Weltkrieg hielt Haeckel wie die meisten Geistesmenschen seiner Zeit zwar für notwendig, sah ihn aber als einen Rückfall in die Barbarei der Vorzeit. Nichts treffe uns gegenwärtig mehr, schreibt er, als der jähe Wechsel von Leben und Tod, wenn wir »täglich in den Zeitungen die lange Liste von hoffnungsvollen Jünglingen und von treusorgenden Familienvätern lesen, welche in der Blüte der Jahre ihr Leben dem Vaterlande zum Opfer gebracht haben.« Auch drei junge Männer aus Paulines Heimatdorf fielen gleich im ersten Kriegsjahr an der Marne. Paulines Bruder Karl kam mit einem Armschuss davon. Bei Kriegsende hatte Lautzert acht seiner hoffnungsvollen Söhne verloren, Oberdreis neunzehn.

Der treusorgende Familienvater Heinrich Leicher war im Alter von 44 Jahren nicht mehr eingezogen worden. Ob er es bedauert hat? Die Jüngeren waren an der Front, das war ehrenhafter, mannhafter, abenteuerlicher als das eintönige Schaffen daheim, die Frauleut schwärmten für die Kriegshelden in ihren schmucken Uniformen, wer zu häufig Fronturlaub bekam, dem wurden daheim geringschätzige Blicke zugeworfen. Während also so viele junge Menschen in der mörderischen modernen Kriegsmaschinerie verheizt wurden, bestellten die Westerwälder Ackerer weiter ihr Feld, gruben die Bergleute nach Kohle und Erz, schmolzen die Stahlwerker das Eisen – so auch auf der Charlottenhütte, wo Paulines Vater schaffte.

Da passiert es.

Alle glücklichen Familien sind einander ähnlich.
Jede unglückliche Familie
ist unglücklich auf ihre Weise.

Tolstoi

Der Tod in frühen Jahren

Am 19. Februar 1916 wird der 45-jährige Heinrich Leicher aus dem Westerwald von einer Rangierlokomotive auf der Charlottenhütte überfahren und getötet. Er war Vater von acht Kindern. Das Unglück geschah am Samstagabend, so ist es einer Todesanzeige in der Siegener Zeitung vom 21. Februar zu entnehmen, die genaue Todesursache wird darin nicht genannt. Auch wenn der Tod jetzt mitten im Krieg alle Tage gemeldet wurde, so war dieser tragische Todesfall zwar nicht der allgegenwärtige Heldentod fürs Vaterland, aber nicht minder erschütternd. Aufgegeben wurde die Anzeige von Heinrichs Bruder Karl, Paulines Onkel also, der dies stellvertretend für die Großfamilie Leicher getan hat, eigenartig, ohne Trauerbekundung durch die engsten Angehörigen in Lautzert. Eine eigene Anzeige, etwa in der Neuwieder Zeitung oder im Altenkirchener Kreisblatt, gab es nicht. Aus der Wortwahl der Todesanzeige geht die große Betroffenheit des Bruders und seiner Familie hervor, unfassbar und gänzlich unerwartet war dieser Verlust, aus heiterem Himmel geschehen, die Zeitungen sprechen von dem Sonntag darauf als einem schönen Frühlingstag und melden erfolgreiche Kämpfe an der Westfront.

Am selben Tag findet sich eine ähnliche Unglücksmeldung über einen Bahnunfall unter »Vermischtes«, bei dem es auf der Siegstrecke bei Au eine Kesselexplosion gab und ein Lokomotivführer getötet wurde.

Die Todesanzeige konnte noch keinerlei Hinweis auf Ort und Datum der Beerdigung enthalten, es mussten zunächst Untersuchungen abgewartet werden, welche die genauen Umstände des Unfallhergangs, auch die Schuldfrage, klären sollten. Ob die Dunkelheit im Februar daran beteiligt war? Auffällig jedenfalls, dass der Unglücksort, der Werksbereich der »Hödde«, nicht genannt wurde. Die Publizität von Arbeitsunfällen, gar von tödlichen, lag nicht im Interesse der Aktiengesellschaft Charlottenhütte, die in den Kriegsjahren, dank der zuverlässigen Siegerländer Erzförderung und Roheisenerzeugung sowie dem Management ihres Direktors Friedrich Flick, in die Spitzengruppe der deutschen Montanindustrie aufgestiegen war.

Bemerkenswert an der vom Bruder aufgegebenen Anzeige ist die fettgedruckte Berufsbezeichnung *Fabrikarbeiter*, aus der das neue Selbstbewusstsein der Arbeiterschaft, des sogenannten Proletariats, ablesbar ist, auch und gerade im Siegerland; ein verstorbener *Fabrikant* wäre weniger aufgefallen, es sei denn, unter ähnlichen dramatischen Umständen. Sie hatten inzwischen ihren eigenen Stolz, die Stahlkocher und Grubenarbeiter, die dafür sorgten, dass die Feuer niemals erloschen. So auch die Väter, Söhne und Enkel der Leicher-Großfamilie, Fabrikarbeiter nahezu alle. Und dabei hatte nun einer von ihnen allzufrüh sein Leben hergeben müssen.

Die Todesanzeige macht aber noch etwas anderes deutlich: eine erstaunliche Gefasstheit und ein Getröstetsein im Glauben. Waren andere auf dem Felde der Ehre für Kaiser, Volk und Vaterland gefallen, so hatte es in diesem Falle infolge eines Unglücks dem Herrn gefallen, gibt die Familie Karl

Niederschelder Hütte

Leicher aus Niederschelderhütte kund, ihren lieben Bruder, Schwager und Onkel zu sich zu nehmen in die Ewigkeit. Das Siegerland ist bis heute eine fromme, überwiegend evangelische Gegend, geprägt von pietistischen Überzeugungen, nach welchen der Mensch seinen Lebensweg als Gottesgefolgschaft versteht, im Hinblick auf ein höheres Ziel. Sich unter den unerforschlichen Ratschluss Gottes ergeben zu beugen: diese Glaubensstärke äußert sich dann auch in der beigefügten Liedstrophe.

Endlich kommt er leise,
Nimmt mich bei der Hand,
Führt mich von der Reise
Heim ins Vaterland.

Todesanzeige.

Es hat dem Herrn gefallen, unseren lieben Bruder, Schwager und Onkel, den 1†158

Fabrikarbeiter

Heinrich Leicher

aus Lautzert (Westerwald);

Vater von 8 Kindern, infolge Unglücksfalls am Samstag, den 19. d. M., abends 8 Uhr, im Alter von 45 Jahren zu sich zu nehmen in die Ewigkeit.

Endlich kommt er leise,
Nimmt mich bei der Hand,
Führt mich von der Reise
Heim ins Vaterland.

In tiefer Trauer:

Familie Karl Leicher.

Niederschelderhütte, den 21. Februar 1916.

Und ein weiteres Mal wird ein politisch missbrauchtes Tageswort ins Religiöse gewendet: Das Vaterland ist nicht das Kaiserreich, sondern das Himmelreich. Die Verse stammen aus dem Gedicht »Ist's auch eine Freude« von Rudolf Flad, einem Freund Eduard Mörikes. Auch Hermann Hesse erinnert sich an dieses Lied, das sie in seiner Familie vor allem an Geburtstagen gesungen hätten, und zwar wegen der ersten Strophe und seiner zweifelnden Frage gleich zu Beginn:

Ist's auch eine Freude,
Mensch geboren sein?
Darf ich mich auch heute
Meines Lebens freun?

Als Kind habe er aber, schreibt Hesse, Jahr um Jahr über das Fragezeichen hinweg gesungen … Zu ergänzen ist hier, dass Rudolf Flad mit 26 Jahren starb.

Auch in Lautzert waren die Leute durchaus gottesfürchtig, nicht aber evangelikal, wie es heute heißt, hier begnügte man sich mit der Kirchenfrömmigkeit. Mitten wir im Leben sind/mit dem Tod umfangen, das wusste man aus eigener Erfahrung, nicht nur als Liedzitat von Luther. Das Dorf befand sich ohnehin in anhaltender Trauer, denn inzwischen war auch ein vierter junger Mann, August Gabler, aus dem Nachbarhaus der Leichers, gefallen, bei Arras im Norden Frankreichs. Aber der Tod eines achtfachen Familienvaters, das war etwas besonders Entsetzliches, etwas Tieftrauriges und den Dorfleuten Anlass für ein verstärktes Mittragen des übergroßen Leids.

Der Ortspfarrer machte den üblichen Beileidsbesuch im Trauerhaus, um seine biblischen und persönlichen Trostsätze an die Hinterbliebenen zu richten, die aber in diesen Momenten als solche überhaupt nicht gehört und doch von ihnen als *Linderung ihrer Trübsal* empfunden wurden. Oder gab es, wenn schon nicht im bibeltreuen Siegtal, im *unkirchlichen* Heimatdorf (ohne eigenes Gotteshaus!) nicht doch so etwas wie Hader, Zweifel, Anklage? Zweifel an einem gerechten, an einem *lieben Gott*? Wusste sie der Seelsorger auszuräumen? Auch ein abrupt abgerissener Lebenslauf ist auf seine Weise ein vollendetes Leben, sagte er das? Heinrich Leicher hätte – unfallfrei – durchaus ein biblisches Alter erreichen können, also noch bis ans Lebensende seiner Tochter Pauline leben können, 1941 wäre er 70 geworden. Darf man sagen, dass ihm die Nachricht vom *guten Tod* seiner Pauline also erspart geblieben ist?

Hier auch den Oberdreiser Denker Paul Deussen zu zitieren, ist nicht weniger bedenklich. Pfarrer Paul Theodor Biermann aus Niederwambach, der Franz von Bernus vertrat, wird dies gewiss nicht getan haben, als er am 23. Februar das Gemeindemitglied Heinrich Leicher auf dem Oberdreiser Gottesacker bestattete. In Lautzert selbst gab es 1916 immer noch keinen eigenen Totenhof. Deussen schreibt in seinem philosophischen Lehrwerk *Elemente der Metaphysik,* das von 1890 an weite Verbreitung fand:

> »Wollten wir, von unserer eigenen, vielleicht erträglichen Stellung aus, wie von einer Oase auf die ringsum unbegrenzte Wüste blickend, die Schicksale der Menschen in weniger bevorzugten Verhältnissen oder in weniger geordneten Zeiten und Ländern ins Auge fassen, um die zahllosen Bilder des Elendes, um Hungersnot und Seuche, Schlachtfelder, Lazarette, Gefangenschaft, Sklavenhandel und Folter vor unserer Phantasie vorüberziehen zu lassen …, da möchten wir wohl einstimmen in die melodische Weheklage des Sophokles: Nicht geboren zu sein, ist unter allem das Beste; bei weitem das Zweitbes-

te aber ist, wenn man geboren, dorthin zu gehen, woher man gekommen, so schnell als möglich.«

Beim Tod des Vaters war Wilhelm 20, Karl 18, Emilie 17, Minna 14, Pauline 11, Gustav 10, Fritz 6, Anna 4 Jahre alt, ein jedes der Kinder, Halbwaisen jetzt, fühlte, dachte, sprach anders über seinen Schmerz, die älteren Geschwister anders als die jüngeren, die das Endgültige des Abschieds vielleicht noch gar nicht verstanden, Pauline als geistig Zurückgebliebene kaum mehr als die ganz Kleinen. Vorstellbar, dass sie ihre Mama tröstete, der Anblick einer untröstlichen Mutter war ihr unerträglich, sie schluchzte zu der unter Tränen gestammelten Zusage, dass der Vater jetzt im Himmel sei und sie sich alle dort einmal wiedersähen. Das Trösten wollte ihr indes nicht so recht gelingen, dafür war sie selbst zu nah am Wasser gebaut. Wer von den Jüngsten, von den Minderjährigen mag bei der Beerdigung dabei gewesen sein? Der frühe Verlust des Familienvaters wird das Leben der Leichers auf der Bismarckstraße in Lautzert völlig verändert haben, das alte Bismarckwort von *Blut und Eisen* hatte für sie seine ganz eigene schlimme Realität angenommen.

Die Erschütterung über den urplötzlichen Tod des Bruders muss für Karl Leicher eine ungeheure gewesen sein, er hatte auf der Stelle etwas tun müssen und die Anzeige in der Siegener Zeitung aufgegeben, hatte selber nach Lautzert telefoniert, wo es seit einigen Jahren eine Fernsprechstelle gab. Daher wird die Familie noch am selben Tag die schreckliche Nachricht erhalten, wird erfahren haben, dass Heinrich auf der Stelle *dut* gewesen sei, dass er nichts zu leiden gehabt habe u. ä. Anzunehmen ist, dass sich in dieser Notlage der gute Onkel Karl in Niederschelderhütte schon bald um die Söhne Wilhelm und Karl kümmerte, sie vielleicht sogar vorübergehend in seine Familie aufnahm und die beiden als Fabrikarbeiter da weitermachten, wo ihr Vater von heute auf morgen hatte aufhören müssen. Auf die Dauer sollten beide hier heimisch werden, Wilhelm in Mudersbach, Karl in Niederschelden.

Nach dem Tod des Ernährers – wovon lebte die Familie? Bei einer so nachdrücklichen Anteilnahme, wie sie in der Todesanzeige des Bruders zum Ausdruck kommt, wird es eine Unterstützung aus der Großfamilie gegeben haben. Aber auch eine staatliche? Mit der Reichsversicherungsordnung (RVO) von 1911 war auch die Hinterbliebenenversorgung für Witwen und Waisen eingeführt worden, damals allerdings für Witwen nur für den Fall der Invalidität. Mutter Minna wird daher die minimalen Leistungen der Armenpflege in Anspruch genommen haben.

Auf dem Papier lebte der Vater noch lange Zeit fort, in amtlichen Dokumenten wurde seine Ehefrau nunmehr als Witwe Heinrich Leicher bezeichnet. Der Tod des Mannes hat womöglich ihre spätere schlimme Erkrankung mitverursacht, wie überhaupt in der Familie Leicher der natürliche Tod nicht der Regelfall war, sondern beinahe die Ausnahme, sieht man aufs Ganze.

Die dörfliche Armut war in Lautzert die Norm, wie aber auch die Selbstversorgung mit Kartoffeln, Obst, Gemüse, Milch, Eiern. Emilie hatte inzwischen die Volksschule beendet, blieb aber, soweit sich das rekonstruieren lässt, einstweilen zu Hause, denn die Mutter, ohnehin kränklich, schaffte das alles nicht allein. Pauline rutschte im Laufe der Jahre im Elternhaus in der Rangfolge von ihrem fünften Platz immer tiefer. Die jüngeren überholten sie, waren geschickter, aufgeweckter, weniger unbeholfen, sogar die jüngste, Anna, übertraf sie bald an Lebenstüchtigkeit. Einzig der Bruder Fritz sollte sie nicht mehr übertreffen, überbieten. Von ihm später, er sollte für ein weiteres Drama sorgen.

Pauline hatte Zutrauen zum Pfarrer, den sie seit seinem Hausbesuch ja kannte und der genau zu wissen schien, wie es ihrem Vater im Himmel so erging. Wäre ich auf diesen Seiten ein Erzähler, ließe ich Franz von Bernus dem Paulinchen anbieten, es könne im Heiligabend-Gottesdienst beim traditionellen Krippenspiel die Rolle der Maria übernehmen, eine stumme Rolle und deswegen schwer genug, aber für Pauline dank ihrer Unschuld ein Kinderspiel, ein Mutterspiel, sie nimmt ihre eigene Puppe von zuhaus als Kindelein zart, aller Oberdreiser und Lautzerter Augen, kriegsmüde und gerührt, sehen dieses stille, stolze Mütterchen Jesu, und die Engel verkünden den Frieden, der komme bald, der komme über ein kleines.

Der Pfarrer sieht sie jetzt ziemlich regelmäßig im Konfirmandenunterricht, er mag sie, das kleine Persönchen. Nicht immer kann sie sich vom Vaterhaus loseisen, sich auf den halbstündigen Fußweg machen durch die Gemarkung, die Flure zwischen den Dörfern. Im Unterricht lesen die Kinder gemäß der Ordnung der Rheinischen Landeskirche auch den Heidelberger Katechismus und lernen, soweit sie es vermögen, die sperrige Antwort auf die Frage 1 auswendig.

> »Was ist dein einiger Trost im Leben und im Sterben? Dass ich mit Leib und Seele, beides, im Leben und im Sterben, nicht mein, sondern meines getreuen Heilands Jesu Christi eigen bin, der mit seinem teuren Blut für alle meine Sünden vollkömmlich bezahlet und mich aus aller Gewalt des Teufels erlöset hat und also bewahret, dass ohne den Willen meines Vaters im Himmel kein Haar von meinem Haupt kann fallen, ja auch mir alles zu meiner Seligkeit dienen muss. Darum er mich auch durch seinen Heiligen Geist des ewigen Lebens versichert und ihm forthin zu leben von Herzen willig und bereit macht.«

Beim Chorsprechen kriegen sie es dann gemeinsam hin. Die Stelle mit den Haaren hat Pauline sich besonders gut gemerkt, die gefällt ihr. Im Frühjahr 1918 werden die Oberdreiser Kinder konfirmiert. Im Kirchenbuch notiert Pfarrer von Bernus, leicht abgekürzt, ihren Konfirmationsspruch: Ev. Joh. 10,11: Jes. spricht: Ich bin gek., dass sie d. Leben u. volle Genüge haben sollen. (Jesus spricht: Ich bin gekommen, dass sie das Leben und volle Genüge haben sollen.) Mit der Einsegnung durch den evangelischen Pfarrer war Pauline Leicher praktisch für religionsmündig erklärt worden. Das formale Gesetz hierzu kam dann drei Jahre nach dem Ende des Preußischen Kaiserreichs.

Noch aber hatte – in unserer Chronologie – die Jahrhundertkatastrophe des Weltkriegs nicht ihr Ende gefunden. Hunderttausende Familien erhielten die Nachricht vom Heldentod ihres Sohnes, ihres Mannes, gefallen meist an der Somme, im Blutsommer des Todesjahres von Paulines Vater. Sie seien nicht umsonst gefallen, hieß es in einem alten, missverstandenen Gedicht, und doch wird mancher Angehörige daheim bei sich gedacht haben, dass es in ihrem persönlichen Fall *Einer zuviel* gewesen sei. Aus Lautzerter Familien fielen 1916/17 vier weitere Söhne, ein Heinrich Udert sowie je ein Sohn aus den Häusern Neitzert, Hering und Klein, alle drei hießen sie Wilhelm. Die Frauen strickten, heißt es in einer Chronik, Strümpfe, Puls- und Kniewärmer, Butter und Brot wurden rationiert. Erst im November 1918 kam es im Wald von Compiègne bei Paris zum Waffenstillstand. Dann aber würde eine andere todbringende Geißel pandemisch wüten, die Spanische Grippe.

Zuletzt waren viele städtische Kinder im Westerwald einquartiert worden, Kinder aus dem Ruhrgebiet, die auch in die Dorfschule gingen. Noch vor ihrer Konfirmation hatte Pauline ihre achtjährige Volksschulzeit beendet, ihr Abschlusszeugnis ist auf den 27. März 1918 datiert, da war

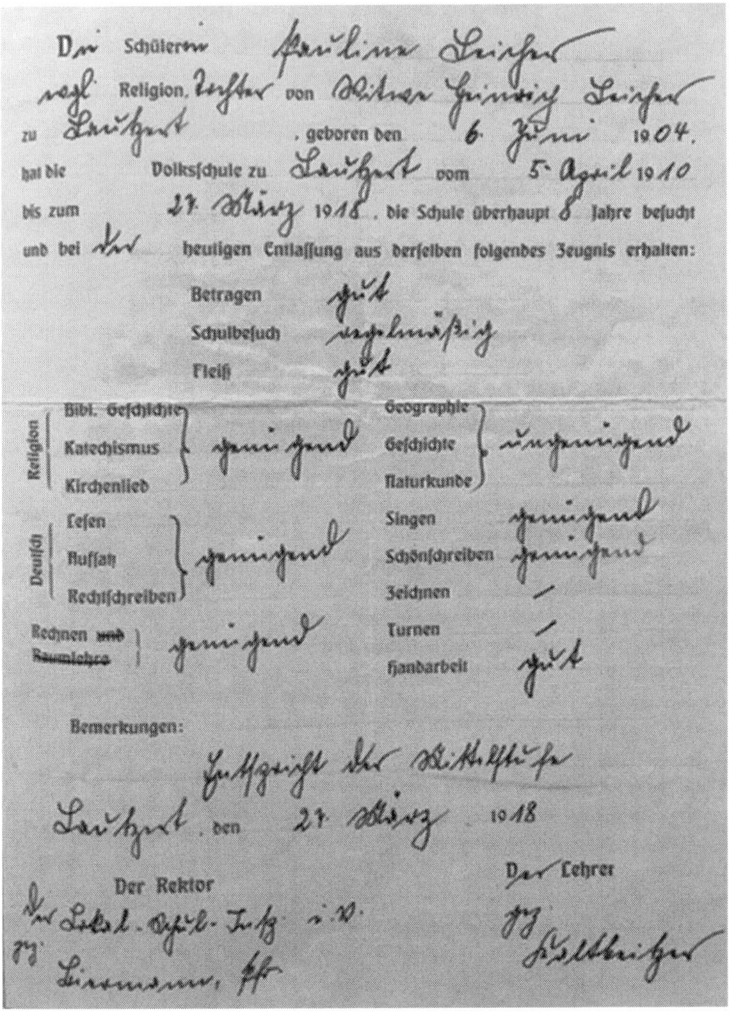

Die Schülerin Pauline Leicher
evgl. Religion, Tochter von [illegible] Heinrich Leicher
zu [illegible], geboren den 6. Juni 1904,
hat die Volksschule zu [illegible] vom 5. April 1910
bis zum 27. März 1918, die Schule überhaupt 8 Jahre besucht
und bei der heutigen Entlassung aus derselben folgendes Zeugnis erhalten:

Betragen gut
Schulbesuch regelmäßig
Fleiß gut

Religion	Bibl. Geschichte, Katechismus, Kirchenlied	genügend	Geographie, Geschichte, Naturkunde	ungenügend
Deutsch	Lesen, Aufsatz, Rechtschreiben	genügend	Singen	genügend
			Schönschreiben	genügend
			Zeichnen	–
Rechnen ~~und Raumlehre~~		genügend	Turnen	–
			Handarbeit	gut

Bemerkungen:
[illegible]

[illegible], den 27. März 1918

Der Rektor
Der [illegible] i.V.
gez. [illegible]

Der Lehrer
gez. [illegible]

Abschlusszeugnis von Pauline Leicher (1918)

sie erst dreizehn Jahre alt, ihr vierzehntes Lebensjahr, daran sei erinnert, vollendete sie am 5. Juni. Später wird immer wieder der 6. Juni als Geburtstag angegeben, so oft, dass die Familie das falsche Geburtsdatum hernach selber für wahr hielt. Offiziell als erster hatte es der unaufmerksame Lehrer Karl Kaltbeitzer ins Zeugnis eingetragen, welches ansonsten für ein intelligenzgemindertes Kind, wie es hundert Jahre später in immer noch hilfloser Sprache heißt, erstaunlich passabel ausfällt.

Mit dem Vermerk »Entspricht der Mittelstufe« und der durchgängigen Note »genügend« (es gab nur die vier Noten sehr gut, gut, genügend, ungenügend) wird ihr der im wesentlichen erreichte Bildungsstand des 5. Schuljahrs bescheinigt. Auffällig die schlechte Gesamtnote in Geographie, Geschichte, Naturkunde. Zwei Jahre zuvor hatte sie ihren Vater verloren: nicht nur, aber auch deswegen blieben für Pauline größere Zusammenhänge von Raum und Zeit und Lebenswelt unfassbar, unbegreiflich. Immerhin war sie über die Jahre hin regelmäßig zur Schule gegangen, dann und wann sitzengeblieben, wohl auch in dem Jahr nach dem Tod des Vaters, aber ihre Schulpflicht hatte sie erfüllt. Unterschrieben war das Zeugnis vom Lokalen Schul-Inspektor, wieder in Stellvertretung von Pfarrer Biermann, und dem Lehrer Kaltbeitzer.

Dieser Karl Kaltbeitzer war bei den Schülern nicht eben beliebt, vielmehr gefürchtet, er machte vom Rohrstock Gebrauch, galt als unbeherrscht und ungerecht, so wurde es noch Generationen später weitererzählt, war aber gleichzeitig im Dorf, wo man es pädagogisch auch nicht besser wusste, ein Mann, dem man Achtung entgegenbrachte, er war doch einer der ihren, denn es blieb nicht verborgen, dass seine Vorgesetzten ihn selbst wie einen liederlichen Bauernlümmel maßregelten. Nicht zuletzt als jahrzehntelanger Leiter des Männergesangvereins war er den Lautzertern geradezu eine Autoritätsperson.

Doch mit den alten Autoritäten war es, als der Krieg verloren ging, von heute auf morgen vorbei. Der Kaiser musste abdanken, das Königreich Preußen existierte nicht mehr, die Republik wurde ausgerufen, in Kiel starb der betagte Oberdreiser Philosoph und Kriegsgegner Paul Deussen, nachdem er noch vehement an den amerikanischen Präsidenten appelliert hatte, jetzt »nicht der Stimme des Hasses Ihrer Alliierten« zu folgen, Lautzert erhielt endlich einen eigenen Totenhof und wurde ans Stromnetz angeschlossen, der alte Lehrer nahm seinen Abschied, und der junge Pfarrer Franz von Bernus wechselte nach Wiesbaden, wo er später als unerschrockener Nazi-Gegner und Mitglied der Bekennenden Kirche wirkte.

Wann genau die älteren Söhne und Töchter das Elternhaus der Familie Leicher verließen, habe ich nicht ermitteln können. Die Söhne wurden, wie gesagt, Fabrikarbeiter, die Töchter fanden als Dienstmädchen (Emilie) in bürgerlichen Häusern der Kreisstadt oder als einfache Magd in der Landwirtschaft (Pauline) eine Anstellung – oder auch in einer Fabrik! Über Paulines weiteres Leben kursierten vor Ort einige wenige, über die Jahrzehnte hin immer schwächer werdende Mutmaßungen, wie auch von ihren Geschwistern sich nur noch geringe Spuren in den Standesämtern und Kirchenbüchern finden lassen. Ihr jüngster Bruder Fritz macht da keine Ausnahme. Von diesem Fritz weiß ich kaum mehr als den Geburts- und Todestag, eben jene Daten, die auf seinem Grabstein hätten stehen können, wenn er denn einen bekommen hat, denn sein Tod ereignet sich im Kindesalter und war ein weiterer Schicksalsschlag für die Familie. Und für die Gemeinde ein Skandal.

Am 24. Juni 1922, sechs Jahre nach dem tödlichen Unfall seines Vaters, nahm sich der elfjährige Fritz Leicher durch Erhängen das Leben.

Niemand weiß heute, was da vor hundert Jahren, und wo, und wie, passiert ist. War es eine Kurzschlusshandlung gewesen, das Resultat einer wachsenden Verzweiflung aus Angst vor der Zukunft? Hatte Fritz diesen letzten Schritt *eigentlich* nicht gewollt, also nicht wirklich ernst gemeint? Handelte es sich um einen »verunglückten« Suizidversuch? Tatsächlich findet sich in amtlichen Papieren zu Paulines Familie bei ihrem Bruder als Todesursache der Eintrag »Selbstmord«, aber an anderer Stelle auch »Verunglückt«. Eine Mutprobe? Vorpubertäre Nachahmung vielleicht, akute Geistesverwirrung eines Heranwachsenden, nach Krieg und Seuche und Tod des Vaters emotional geschwächt, mit suizidalen Fantasien »angesteckt«? In solchen stillen, ländlichen Gegenden war der Selbstmord keineswegs selten (in protestantischen häufiger als in katholischen), aber dass ein Kind Hand an sich legte … Ganz sicher fehlte Fritz der väterliche Halt, die in ihre Traurigkeit und Kränklichkeit eingesperrte Mutter war mit allem überfordert, der Bruder Gustav gerade 16 geworden, mit sich selbst beschäftigt. Dazu das Glotzen und Lästern im Dorf. Der Lehrer Kaltbeitzer schüchterte ihn ein, der prügelte, der haute drauf wie auf kalt Eisen. Immerhin, er nahm ihn wahr.

Ja, das war ein böse grinsender Tod, der sich da zum zweiten Mal herangeschlichen hatte, alles andere als ein freier Tod, den Nietzsche in seinem *Zarathustra* feiert, Nietzsche, auch er ein Fritz, der sich ja im Westerwald ein wenig auskannte und auch die Stimmung kannte im »glücklichen« Oberdreis, wie er einmal ironisch schreibt. Dieser Tod geschah wahrlich nicht aus Freiheit, sondern aus fataler Unmündigkeit und seelischer Vorschädigung, und niemand war da, der den Jungen davon hatte abbringen können. Ein einziges Wort echter Zuwendung hätte ihn möglicherweise gerettet. Ob nicht die sanftmütige Pauline, die, immerhin *auf dem Papier* schon 18 Jahre, *im Kopf* in etwa gleichalt mit dem Fritz gewesen ist, ihn mit Spiel und Spaß hätte aufmuntern können? Ob aber nicht, im Gegenteil, den verständigeren Elfjährigen der Anblick auch und gerade seiner Schwester das Elend im Hause und überhaupt in der Welt hat durchschauen lassen, so dass ihm das Leben als unerträglich erschien?

Nicht nur dem Fritz Leicher wäre auf Erden noch zu helfen gewesen.

Die Zwanziger Jahre

Über die genauen Umstände der Selbsttötung ist heute nichts mehr bekannt. Hatte man den Fritz auf dem Dachboden entdeckt, wie er da hing am selbstgeknüpften Seil? Der Schmerz der Angehörigen, insbesondere der Mutter, ist unausdenkbar. Im kirchlichen Sterberegister findet sich kein Vermerk, dennoch wird der Dorfgeistliche bei der stillen Beerdigung auf dem neuen Lautzerter Totenhof zugegen gewesen sein, wenn auch ohne Trauerfeier und Kirchengeläut, ohne Gefolge aus der Gemeinde. Aber doch auch ohne moralische Ächtung, das Mitgefühl überwog.

Zwei Jahre zuvor war die kirchliche Toleranz bereits erheblich strapaziert worden, als die Urne mit der Asche Paul Deussens aus dem Kieler Krematorium nach Oberdreis überführt wurde, wo sie im Familiengrab unmittelbar neben dem Kirchengebäude unter der alten Linde beigesetzt wurde. Möglicherweise war es hier die erste Feuerbestattung überhaupt.

Eigentlich hatte ich mich mit Hilfe Deussens gedanklich von der belastenden Pauline-Arbeit ablenken wollen, doch dabei kam mir immer wieder ein anderer Selbstmordfall in den Sinn, eine andere Selbsttötung, die unzweifelhaft aus Verzweiflung geschehen war, ich meine den Tod von Walter Eyl. Dieser Kleinbauer aus Oberdreis hatte sich vor wenigen Jahren im Dachgeschoss seiner niemals fertiggestellten Bauruine, in deren Parterreräumen er seit Jahrzehnten hauste, in eben jener Weise aufgehängt, wie ich sie für den armen Fritz Leicher angedeutet habe. Walter Eyl, der sich mit einer lächerlichen Summe verschuldet hatte, war einer der wenigen Dorfbewohner, mit denen ich mich über Deussen und Nietzsche habe unterhalten können, er besaß im Ort als einziger ein Exemplar von Deussens Lebenserinnerungen, die dessen Tochter Erika Rosenthal-Deussen 1922 herausgegeben hat. Erika selbst hatte nach einer steilen Karriere in der Weimarer Republik – sie wurde die erste deutsche Gewerbemedizinalrätin – im Dritten Reich ihr Beamtentum verloren und war mit ihrem jüdischen Mann nach Indien ausgewandert. Später, nach dem Krieg, ging sie nach Amerika, wo sie in Baltimore in einem Institut namens »Sisters of Charity« arbeitete. 1956 schied sie von eigener Hand aus dem Leben. Sie also auch.

Der Mutter Leicher schlug die Trauer aufs ohnehin schwache Herz. Im Hause waltete jetzt Minna, ihre älteste Tochter, die so hieß wie ihre Mutter, ich stelle sie mir gewissenhaft vor, fleißig, zuverlässig. Kein Wunder, dass es von ihr ein Lebenszeichen gibt aus ihrem späteren Verbleib in Wiesbaden, wo arbeitsames, fügsames Personal frisch vom Lande immer gefragt war. Vielleicht hatte sie es ja geschafft: raus aus dem Westerwald zu kommen und bei ordentlichen Herrschaften zu dienen. Ihr kann ich leichthin alles Gute nachsagen, *es liegt nichts gegen sie vor*. Und einen Zusammenhang vermuten: 1924 musste sich ihre Mutter einer Herzoperation unterziehen, die in Wiesbaden vorgenommen wurde. Zuletzt hat Minna dann in Niederschelden gewohnt.

Paulines Jahre im jungen Erwachsenenalter liegen weitgehend im Dunklen. Aber es häufen sich nun die Anzeichen, dass wir es mit der Lebensgeschichte einer unschuldig Drangsalierten zu tun haben, einer, in den Augen der Rechtschaffenen, Taugenichtsin, hier ist die weibliche Endung einmal eine schöne ergänzende Form, eines Menschenkinds mit der Veranlagung zur reinen Törin, die mehr und mehr Misshandlung erfährt, ihr Deplatziertsein in der Erwerbswelt, vielfach den Ort wechselnd als wegmüssendes, vergehendes Unkraut, Unkraut selbst in den eigenen Augen, das, so will es die gnadenlose Zeit, ausgerissen gehört. Doch einmal, wie gerne las ich das, riss sie selbst aus, riss sie tatsächlich aus, wartet's ab.

»Westerwälder Kaufhaus« in Lautzert 1930

Jetzt, in den 20ern des Jahrhunderts, aber auch ihrer eigenen Lebenszeit, wird sie herumgereicht, besser: herumgeschubst, von einer Hilfsarbeiterstelle zur anderen, ohne dass ihr selber Hilfe zuteil würde. Zupackende Hände sind gefragt, jetzt, da so viele Männer fehlen als Arbeitskräfte. Paulinchen geht über die Dörfer, verdingt sich, ja wird ein Ding, ein komisch Ding. Emilie ist ihr Vorbild, die ist frech und schlägt sich durch, ist im Haushalt bei besseren Bürgern untergekommen, doch sie, Pauline, landet vorerst bei den Großbauern ringsum, als Erntehelferin zum Beispiel, als Stallmagd, darf sie dort denn singen und seufzen, sich der Knechtsgestalten erwehren? Vielleicht brabbelt sie dummes Zeug, das die Kerle abschreckt, die glauben, mit ihr eine leichte Beute zu haben, oder sie heult drauflos. Ihre Tränen als Waffe. Von wann an ahnt sie, dass das alles nicht immer so weitergehen kann, dieses häufige Umziehen mit dem Holzkoffer zum nächsten Hof, zu einem neuen Gesinde? Ja, nicht selten schmeißt sie ihre Stellung einfach hin oder wird nach Hause geschickt, wo sie aber nicht sehr willkommen ist, sie ist nicht mehr das liebe Kind, sondern gilt jetzt als eine zunehmend Schwierige. Bruder Gustav dagegen ist der Solide und schafft als Grubenarbeiter für die Tonzeche.

Paulines Tränen. Sollte sie nicht laut ihrem Konfirmationsspruch das Leben und volle Genüge haben? Aber als geistig armes Arbeiterkind aus einem der ärmsten Dörfer des Westerwalds? Wie sah sie jetzt aus, zwanzig, fünfundzwanzig Jahre alt, hatte ihr Gesicht die Morgenschönheit verloren und trug bereits Spuren der Verbitterung nach all dem Leid und den Konfrontationen mit einer sie überfordernden Außenwelt? Ich hätte gerne einmal ihre Stimme gehört: ob darin Trotz lag oder Weinerlichkeit oder ein verschmitzter Tonfall oder frühe Selbstaufgabe. Nein, nein, letzteres gewiss nicht, man weiß es ja, besonders die Kleinen begehren auf, wollen sich behaupten, es gibt keinen Grund, ihr eine starke innere Gegenkraft abzusprechen.

Doch die Ideen des Bösen geisterten bereits herum, wie so oft vorab besonders bei gutgläubig Denkenden, bei solchen, die nur das Beste fürs Volk, für die Gemeinschaft, für die allgemeine Wohlfahrt im Sinn haben wollen. Der zweifellos hochbedeutende Wissenschaftler Charles Darwin hatte in seinem Werk *Über die Entstehung der Arten* (dt. 1860) den evolutionären Selektionsprozess in der Natur beschrieben und später die Formel vom »Survival of the fittest« eingefügt – und damit auch Nietzsche bestärkt in seinem Enthusiasmus für alles Starke und Vornehme wie auch in seinem Widerwillen gegen das Schwächliche, Kränkliche, christlich Devote. Anstößiges in diesem Sinne findet sich bei Nietzsche in seiner Schrift *Zur Genealogie der Moral.* Kurz, diese Ideen lagen in der Luft, das »Beiseite-Drängen des entarteten Lebens«, so Nietzsche auch in der *Götzendämmerung,* war gedanklich vorbereitet. 1920/1922 veröffentlichten der Psychiater Alfred Hoche und der Jurist Karl Binding einen Traktat unter dem Titel *Die Freigabe der Vernichtung lebensunwerten Lebens.* Binding, der während der Drucklegung der ersten Auflage starb, äußert sich in seinem Aufsatz zunächst zu Rechtsfragen in Bezug auf den Selbstmord und Sterbehilfe – um dann für die Euthanasie zu plädieren:

> »Denkt man sich … ein Schlachtfeld, bedeckt mit Tausenden toter Jugend, oder ein Bergwerk, worin schlagende Wetter Hunderte fleißiger Arbeiter verschüttet haben, und stellt man in Gedanken unsere Idioteninstitute mit ihrer Sorgfalt für ihre lebenden Insassen daneben – und man ist auf das tiefste erschüttert von diesem grellen Mißklang zwischen der Opferung des teuersten Gutes der Menschheit im größten Maßstabe auf der einen und der größten Pflege nicht nur absolut wertloser, sondern negativ zu wertender Existenzen auf der anderen Seite.«

Binding respektierte freilich den einzelnen Menschen als Souverän über sein Dasein und resümierte, er könne »vom rechtlichen, dem sozialen, dem sittlichen, dem religiösen Gesichtspunkt aus schlechterdings keinen Grund finden, die Tötung solcher den Tod dringend verlangender Unrettbarer nicht an die, von denen er verlangt wird, freizugeben: ja ich halte diese Freigabe einfach für eine Pflicht gesetzlichen Mitleids.« Doch wenn er von »oft ganz nutzlos vergeudeter Arbeitskraft, Geduld, Vermögensaufwendung« sprach, »die wir nur darauf verwenden, um lebensunwerte Leben« zu erhalten, so lieferte er damit bereits jene späteren Nazi-

Argumente einer Kosten-Nutzen-Rechnung, die auch der Mediziner Karl Hoche auf seinen 17 Textseiten vorwegnahm, der vor allem mit dem Begriff der *Ballastexistenzen* für die Zukunft die legale »Beseitigung von geistig völlig Toten«, von »unheilbar Blödsinnigen«, von »leeren Menschenhülsen« herbeiwünschte und als moralischen Akt rechtfertigte – schon allein aus Kostengründen. Und dies nicht nur in »Fällen der Vollidiotie«: das sei eine Unternehmung, »bei der kein Platz ist für halbe, Viertels- und Achtelskräfte.« Dabei bediente er sich eines barbarischen Vokabulars sowie einer kalten volkswirtschaftlichen Gesamtrechnung, die wenige Jahre später auch die Bürokraten der Gaskammern aufmachen sollten. Es lag im Wesen einer nationaleugenischen Kalkulation, die Rentabilitätsschwelle eines Menschen immer weiter zu senken, bis am Ende eine milde Debilität, wie sie bei Pauline Leicher vorlag, schon ausreichte, um sie und Tausende andere *freizugeben* zur Vernichtung.

Die
Freigabe der Vernichtung
lebensunwerten Lebens
Ihr Maß und ihre Form
Zweite Auflage
Von den Professoren
Dr. jur. et phil. Karl Binding und Dr. med. Alfred Hoche

Buchtitel: Die Freigabe der Vernichtung lebensunwerten Lebens

Nach dem Trauma des verlorenen Krieges und in der akuten Misere der Lebensumstände stieß diese Schrift in der Weimarer Zeit und darüber hinaus auf große, anhaltende Resonanz und löste eine gesellschaftliche Diskussion aus, vor allem in protestantischen Kreisen, über die Frage, wie mit Schwerbeeinträchtigten verantwortlich (in Anführungszeichen) umzugehen sei. War es aus moralisch-christlichen, eugenischen oder ökonomischen Gründen gar eine Pflicht, oder blieb es nicht doch verwerflich, hochgradig geistig oder körperlich Behinderte von ihrem Elend zu *erlösen,* sie also zu ermorden? Ewald Meltzer, der Leiter einer sächsischen Landespflegeanstalt für Kinder, stellte in einer Publikation (1925) sämtliche Pro- und Contra-Argumente zusammen. Er selber lehnte eine Euthanasie gemäß Hoche-Binding entschieden ab und war dann ganz erschrocken, dass bei einer allgemeinen Befragung zum *Problem der Abkürzung »lebensunwerten Lebens«* selbst die Eltern sich mit deutlicher Mehrheit für eine »schmerzlose Abkürzung des Lebens unheilbar blöder« Kinder aussprachen.

In einem kurzen Nachruf eingangs der zweiten Auflage hatte Hoche von Binding als einem »Feuerkopf voll kühlscharfen Verstandes« gesprochen, dessen Nachdenken von »lebhaftestem Verantwortungsgefühl und tiefer Menschenliebe« getragen gewesen sei. Man möchte hinzufügen: jedenfalls mehr als bei dem jüngeren Hoche. Viel eher passte ein solches Lob auf einen anderen, einen wirklichen, wahren Menschenfreund, auf Friedrich von Bodelschwingh, den Älteren, wie wir heute sagen, ein leuchtendes humanitäres Vorbild bis zu seinem Tode 1910, auch für seinen gleichnamigen Sohn und Nachfolger, dessen eigenes Charakterbild dann freilich in der Geschichte schwankt. Vater Bodelschwingh hatte noch jenen offenen barmherzigen Blick auf die Behinderten, der sie nicht nur sah als Deformierte, als defizitäre Wesen (wer spricht so?, ich etwa auch?), sondern als Gotteskinder, die auf ihre je eigene Weise pflege- und liebebedürftig sind – und, dies ist der entscheidende Blickwechsel, selber in überwältigendem Maße Liebe, Vertrauen, Freude, Dankbarkeit verströmen, also nicht nur etwas nehmen, sondern auch unendlich viel geben, was in keiner Kosten-Nutzen-Rechnung aufgewogen werden kann. Ihm gelang es, den reflexartigen Abscheu der meisten Menschen beim Anblick beschädigten Lebens aufzulösen in echtes, verstehendes, tätiges Mitleid, also auch in Spendenbereitschaft, indem er z. B. in seinen weitverbreiteten Bethel-Briefen Fotografien von Behinderten nebst einfühlsamen Beschreibungen veröffentlichte.

Auch im Hause Leicher hatte der Name Bodelschwingh einen guten Klang, denn Paulines Bruder Wilhelm hatte sich ja als Jugendlicher einige Zeit in Bethel aufgehalten und war als Genesener zurückgekehrt. Doch nunmehr war eine geistige Wende eingetreten, ethisch faule Kompromisse wurden gesellschaftsfähig, und ausgerechnet die protestantischen Vordenker taten sich damit hervor. Wichtig also, festzuhalten, dass die Euthanasie-Morde während des Zweiten Weltkriegs keine Erfindung der Nazis waren, sondern schon Jahrzehnte vorher angedacht, ausgeklügelt, für notwendig erachtet worden sind, alles wissenschaftlich fundiert, wie anders?, und guten Gewissens in die Welt gesetzt. Und findet schon bald, als Allgemeingut definiert, seinen Niederschlag im Großen Brockhaus in der Ausgabe von 1934: »Euthanasie (grch.), die Abkürzung lebensunwerten Lebens, entweder im Sinn der Abkürzung von Qualen bei einer unheilbaren langwierigen Krankheit, also zum Wohle des Kranken, oder im Sinn der Tötung z. B. idiotischer Kinder, also zugunsten der Allgemeinheit.«

Von dieser geistig-moralischen Wende bekam Pauline Leicher naturgemäß nichts mit; ob überhaupt jemand in ihrer Umgebung eine legale unfreiwillige »Lebensabkürzung«

damals für denkbar hielt? Doch, ja, die Pfarrer sicherlich, denn innerhalb der Protestantischen Kirche und vor allem der Inneren Mission hatten entsprechende Debatten zugenommen, die sich zunächst noch beschränkten auf die Frage nach der Sterilisierung behinderter Heiminsassen, angestoßen nicht zuletzt von Alfred Hoche, der bedauert hatte, »dass es bisher nicht möglich gewesen, auch nicht im Ernste versucht worden ist, diese Defektmenschen von der Fortpflanzung auszuschließen.«

Pauline kommt mir in diesen Jahren wirklich vor wie eine Verschollene, die hin und wieder auftaucht. Von der Ausgelassenheit, von der Freizügigkeit, vom angeblichen Gold der Zwanziger Jahre wird sie nichts mitbekommen haben, ihr blieb nichts als bloßes Überleben von Tag zu Tag, ein In-den-Tag-Hineinleben, das immerhin wäre ihr ja zu gönnen gewesen. Ich stelle mir vor, dass sie immer wieder nach Hause kommt, nach einem neuen Scheitern draußen, und dort bemuttert werden will, was dann aber nicht stattfindet. Die Mutter ist eine Leidende, der Bruder Gustav muss schwer arbeiten und ist ansonsten auf Brautschau, doch mit der Jüngsten, der Schwester Anna, versteht sie sich gut. Da bist du ja, Schwesterherz, ruft Anna. Nein, sie ruft: Bis de och alt willa he! Die Schwester kann nachempfinden, was Pauline so durchmacht. Auf die Dauer ist diese hier aber nur ein lästiger Esser und keine Hilfe für die verbliebene Familiengemeinschaft, so dass sie bald wieder gehen muss, hinaus ins feindliche Leben.

Eigenartige Erfahrung: je mehr ich ins Unbekannte, ins Dunkle ihrer Lebensgeschichte gerate, umso beredter wird diese Verschwiegenheit, und es treten Anverwandte, Boten hervor, aus der unmittelbaren Wirklichkeit wie aus der Literatur, beides gehört für mich ja zusammen. So las ich bei Robert Walser auf einmal etwas von einem Pauli, einem lieben jungen Mann, dem von grobschlächtigen Herrenmenschen, die sich von der Unschuld des Pauli provoziert fühlen, übel mitgespielt wird. Dabei mag Walser sonst lieber die Verniedlichung, die Dämpfung, ja die Umkehrung all dessen, was zu groß, zu laut daherkommt.

Und gestern, wieder im Wald, kam mir ein eigenartiges Mädchen entgegen, es führte ein kleines Pferd an der Leine. Ob man darauf denn nicht reiten könne, sprach ich das Mädchen an. Nein, sagte sie, es sei schon zu alt und habe Rückenprobleme. Das Mädchen, kleiner Kopf, auffällig hohe Stirn, ließ mich an Pauline denken, sie sprach sehr verständig, wie heißt das Pferd, fragte ich, Mäx, sagte sie, wenn sie hier herlaufe und andere Reiter ihr begegneten, würden die schon mal doof gucken. Ich sagte, habe ich auch doof geguckt?, sie: nein, nein, anders, nicht wie die Reiter. Ich hätte sie gerne noch etwas mehr gefragt, aber das kam mir indiskret vor, mit schlechtem Gewissen mutmaßte ich bei ihr eine leichte Behinderung. Das Pferd war lieb und wirkte treu, es trug einen Augenschutz, ein durchsichtiges Netz. Seltsames kleines Mädchen, war es aber nicht schon über 20?, und ein betagtes Pferdchen, das ausgeführt wurde zu einem Gnadengang, wie schön. Pauline hat sie mir geschickt, dachte ich, eine Art Stellvertreterin, eine Wiedergängerin.

Tatsächlich fällt mir das Aufschreiben der Pauline-Lebensgeschichte zunehmend schwerer – und gleichzeitig leichter, leichter: denn ich bin jetzt mitten unter ihnen, den Leichers, und mir ist, als nähme sie, Pauline, mich manchmal vertrauensvoll bei der Hand und wir schlendern durch Lautzert, von ihrem Unterdorf bis zu mir herauf, bis an mein Haus, das noch gar nicht da ist, aber wir wissen beide, dass ich hier wohne und sie da unten. In der Ferne drehen sich aus dem Wald heraus mehr als zwei Dutzend Windräder, Windmühlen, sagt sie, ein bunter Schmetterling setzt sich auf ihre Schulter. Schwerer, weil dies kaum mehr ist als ein dürrer Lebenslauf, ein kommentiertes Faktengerippe, und das erzählte Leben doch das bessere wäre; allein: Erfinden verboten! Daran halte ich mich. Sei nicht so streng, mein alter Lehrer, sagt sie, du bist doch kein Kaltbeitzer. Ja, es ist Pauline, die mir Leben einhaucht, verkehrte Welt.

Zeppelin über Lautzert,
vermutlich die »Hindenburg« im Frühjahr 1937

Der Irrsinn ist bei Einzelnen etwas Seltenes, —
aber bei Gruppen, Parteien, Völkern, Zeiten die Regel.

Nietzsche, Jenseits von Gut und Böse

Hitler haben wir

Das Leben der Schwestern Pauline (landwirtschaftliche Hilfskraft) und Emilie (Hausangestellte) verläuft jetzt ziemlich parallel, so sehr beide vom Charakter auch grundverschieden sind. Emilie hat nämlich Durchsetzungsvermögen und geht auf die Leute zu, du darfst dir nichts gefallen lassen, rät sie der Jüngeren. Für sie bleibt Pauline weiter *dat Kleen*. Und wie geht sie, die Ältere, zum Beispiel mit Annäherungsversuchen um, eines übergriffigen Hausherrn, eines Galans, eines Bauernknüppels? Doch es hat sich herumgesprochen, dass Emilie plötzlich *ganz anders* werden kann, unheimlich anders, *die mecht Stimmen*, heißt es dann, und sie wird sogar handgreiflich. Laut einem Schreiben des heimischen NS-Amtsbürgermeisters sieben Jahre später soll der Neuwieder Kreisarzt schon Anfang 1930 bei ihr Schwachsinn festgestellt haben; sie hatte wohl mehrfach randaliert, so dass die besorgten Angehörigen von sich aus eine Untersuchung und sogar die Unterbringung in einer Heil- und Pflegeanstalt beantragt haben sollen. Eine spätere glaubwürdigere Diagnose lautet freilich auf Schizophrenie. Das würde dann auch erklären, warum es zu keiner Einlieferung in eine Anstalt kommt, denn Emilie fängt sich nach einem Schub immer wieder rasch und verhält sich über die Jahre hin trotz wiederkehrender Störungen offenbar leidlich normal.

Pauline dagegen, keine Närrin, ohne fixe Ideen wie ihre Schwester, welche in akuten Schüben (wie) von Sinnen ist, wirkt zu keiner Zeit übergeschnappt. Lautzert bleibt für sie zwar der dauerhafte Heimatstützpunkt, doch ihre aushäusige Verdingung bei kärglichstem Lohn verlagert sich vom Westerwald weg ins Rheinland, ins Linksrheinische, wo wir sie spät in den Dreißigern als Hilfsarbeiterin in einer großen Fabrik antreffen werden. Hat sie sich, von geringer Körpergröße, von geringem Verstand, immer so durchgemogelt und eine Heimunterbringung vermeiden können? Die Hochzeit ihres Bruders Gustav mit Elise Fischer aus Wahlrod wird Pauline Ende 1934 noch mitgefeiert haben, doch nach dem Tod der Mutter 1935, die an Unterleibskrebs stirbt, gerät sie in eine Dauerkrise und ist nur noch bedingt *verwendungsfähig*.

Es folgen böse Tage, folgt eine böse Zeit, aus den neu eingerichteten erbbiologischen Abteilungen der Kreisgesundheitsämter erreichen sie beängstigende Schreiben zwecks Einbestellung und Überprüfung. Frauen, die nicht in Heimen lebten, waren eher die Opfer staatlichen Zwangs. Zudem hat sich, wie gesagt: lange vor den Nazis, ein fatales Denken hinsichtlich der Behandlung von Menschen mit Behinderung entwickelt, auffällig befördert, vermeintlich guten Glaubens, von protestantischen Theologen.

Noch 1929 betonte der jüngere Friedrich von Bodelschwingh die »Heiligkeit des Lebens« und rief ein lautes Nein gegen die Zumutung, aus Humanitätsgründen, verbrecherische Mörder am Leben zu lassen und aus wirtschaftlichen Gründen gleichzeitig Unschuldige zu töten. Doch die böse Saat von Binding und Hoche war aufgegangen. Derselbe Bodelschwingh erklärte bereits zwei Jahre später, in Treysa im Mai 1931 auf einer Fachkonferenz für Eugenik, die christliche Nächstenliebe müsse sich auch auf künftige Generationen ausdehnen; daher sei es ein Gebot für die jetzt Lebenden, das Wissen der neueren Erbforschung anzuwenden und die sogenannte Unfruchtbarmachung durchzuführen, wenn kein Einspruch der betroffenen Person vorlag. In den Anstalten der Inneren Mission gehe es nicht nur um Fürsorge für den einzelnen Gefährdeten und Gebrechlichen, sondern zugleich um das Ziel, deren Fortpflanzung zu verhindern, was gewährleistet sei durch die Geschlechtertrennung bei der Unterbringung.

Es gab zwar noch Gegenstimmen, auch bei den Protestanten, für die das gottgeschenkte Leben weiterhin als unantastbar galt, wie auch das Prinzip zweckfreier reiner diakonischer Liebe, aber sie wurden immer schwächer, unfreiwillige Sterilisation und sogar Tötung von Behinderten war denkbar, war öffentlich aussprechbar geworden. Die römisch-katholische Kirche lehnte die Sterilisation ohne jede Einschränkung ab, während sie bei den Protestanten als eine Frage angesehen wurde, über die verhandelt werden konnte. Innerhalb der evangelischen Kirche, im besonderen bei der Inneren Mission und den Verantwortlichen ihrer Pflegeanstalten, vermengten sich aufs unheilvollste religiöse Anschauungen um Sünde und Schuld mit biologischen und ökonomischen Argumenten. Es ging dabei immer auch um den wirtschaftlichen Bestand der Einrichtungen, um Arbeitsplätze und Posten. Der Konferenzleiter selbst, Hans Harmsen, positionierte sich indes schon 1931 deutlich radikaler: »Dem Staat geben wir das Recht, Menschenleben zu vernichten, Verbrecher und im Kriege. Weshalb verwehren wir ihm das Recht zur Vernichtung der lästigen Existenzen?«

Zeitlich fällt das »Gesetz zur Verhütung erbkranken Nachwuchses« zwar mit Hitlers sogenannter Machtergreifung 1933 zusammen, war aber von preußischen Eugenikern längst vorbereitet worden; in der nationalsozialistisch beschlossenen Fassung, die 1934 in Kraft trat, war dann auch die Möglichkeit zur Zwangssterilisierung enthalten, in der Erweiterung 1936 zudem die Schwangerschaftsunterbrechung aus eugenischen Gründen. Im Gesetz waren acht Krankheitsbilder festgeschrieben: Angeborener Schwachsinn, Schizophrenie, manisch-depressives Irrsein sowie, sofern erblich, Epilepsie, Chorea Huntington, Blindheit, Taubheit, schwere erbliche körperliche Missbildung, zudem schwerer Alkoholismus.

In dieser Liste rangieren also die Beeinträchtigungen bei den Schwestern Emilie und Pauline Leicher ganz oben. Immer erdrückender jetzt, chronologisch zu Beginn des

Nazi-Regimes, meine nachempfundene Ohnmacht gegenüber dem, was sich nicht nur bei völkischen Rassenhygienikern, sondern auch in den Strukturen professioneller Barmherzigkeit an Unheil zusammenbraut, als wäre das alles unausweichlich gewesen; für Heutige unbegreiflich, wie eng Gut und Gutgemeint, Leider und Leider Gottes, das Böse und das Todessüchtige beieinander liegen. Dazu der Missbrauch einer von Hitler immer wieder beschworenen schicksalhaften Vorsehung – und im Alltag die nunmehr einsetzende verwaltungstechnische, gnadenlos konsequente Abwicklung im Einzelnen, dabei heuchlerisch das Ethos nationaler Fürsorge, deutscher Christlichkeit, eines gesunden Volkskörpers propagierend.

Eine Atempause.

Lese heute morgen Nietzsche-Sätze über Schopenhauer. Dieser behaupte, dass auch von einem bereits Gestorbenen eine magische Wirkung ausgehen könne, jedenfalls lasse sich diese Möglichkeit nicht a priori ableugnen, so Schopenhauer. Das sei Unsinn, sagt Nietzsche. Da bin ich im Zweifel, jetzt inmitten meiner Pauline-Leicher-Gedächtnisschrift, da bin ich im Zweifel eher auf der Seite Schopenhauers. Ob ich selbst aber die Gabe habe, mich im Geiste in das Wesen einer Abgeschiedenen hineinzuversetzen? Pauline im weitesten Sinne zu verstehen? Das Verstehen eines gewalttätig *abgekürzten* Lebens, das diesem Gewaltakt vorausgehende unvollkommene Leben zu begreifen – nein, das kann mir doch gar nicht gelingen. Doch ob für Pauline die Summe von geglückten Tagen in der Bilanz so ungleich schlechter ausfällt als bei den vielen, von vergleichbarem Übel zufällig Verschonten, das versehe ich hier, wenige Meter Luftlinie entfernt vom Ort ihrer Existenz auf Erden, mit einem schüchternen Fragezeichen.

Wenn es sich bei der Anrufung von Heiligen oder der Mutter Gottes oder des Gottessohnes nicht vollends um

Aberglauben handelt, warum sollte eine Anrufung anderer Gestorbener nicht ebenso denkbar sein, vorstellbar sein, annehmbar sein? Und wer weiß, ob es nicht *im Himmel* ein Allverstehen gibt, ein »Alle verstehen alles«. Das Spekulative dabei stört mich, während ich es hier zu Papier bringe, erst einmal nicht. Und es stört mich überhaupt nicht, dass ich mich hier zugunsten des Katholizismus ausspreche und in mancherlei Hinsicht den zeitgeistanfälligen Protestantismus verurteile, ja ich empfinde es als geradezu lächerlich und dumm, alles Katholische unter Hinweis auf aktuell aufgedeckte böseste Vergehen und Verbrechen abzutun und seine große, jahrtausendealte Geisteskraft geringzuschätzen. Was natürlich nicht bedeutet, dass der Pauline Leicher in katholischer Obhut das Allerschlimmste erspart geblieben wäre. Und ja, es hat viele mutige evangelische Pfarrer gegeben, auch im Westerwald, auch in Oberdreis.

Meine Chronologie hier ist ja eine doppelte: zum einen die Epoche und Lebenszeit der Pauline Leicher, andererseits meine eigene Zeit der Spurensuche, des Aufschreibens und der Nachbesinnung. Inzwischen hatte ich begriffen, dass Paulines Tod in der Gaskammer eine Zwangssterilisation vorausgegangen sein musste, was mir das Landeshauptarchiv in Koblenz dann auch bestätigte und was (jetzt als Subjekt) sich für den Vorgang der Recherche als Glücksfall erwies, ein falsches Wort, gewiss. Aber da ich bisher praktisch nichts von ihr in der Hand hatte, sollte ich nun doch etwas von ihr, nein: über sie in die Hand bekommen, wenn auch nur etwas Indirektes. Tatsächlich, zugegeben: ich frohlockte in gewisser Weise. Kurz vor der coronabedingten Schließung des Landeshauptarchivs ließ ich mir im Lesesaal, dort in Koblenz im Gebäude an der Karmeliterstraße, die Sterilisationsakte von Pauline Leicher vorlegen, und zwar die Akte 438 aus dem Bestand 512,007, Gesundheitsamt Neuwied.

Wer weiß, ob diese Papiere von mir bisher als einzigem, also zum ersten Mal durchgesehen, durchgelesen, ausgewertet wurden. Jemand, eine Frau, hustete explosiv in meiner Nähe, immerhin in die Armbeuge. Aber wie sollte man bei derartiger Virenattacke in Deckung gehen können, ich bekundete unmissverständlich meinen Unwillen. Es war just zu jener nervösen Zeit zu Beginn der Corona-Epidemie, in den Supermärkten waren bereits die Regale mit Nudeln und Toilettenpapier leergekauft. Vor den Schließfächern draußen im Flur sprach ein Mann mit mir über seine Nichte, die in Schulroda in einem sogenannten Kinderheim zu Tode ausgehungert worden sei. Nach dem Krieg hätten die jungen Nachkommen erzählt bekommen, das Kind habe an einem giftigen Blaustift gelutscht und sei daran gestorben. Ich bestellte das Büchlein bei ihm, es handelt vom Schicksal der Juden in Engers, der Verfasser heißt Günter Salz, Salz wie Zucker, sagte er.

Jemand musste Pauline verleumdet haben, ein Arzt, ein Arbeitgeber, ein Bekannter, ein zur Meldung verpflichteter Ortsgruppenleiter? In den meisten Familien gab es überzeugte Nazis wie auch Opportunisten, die eiligst der NSDAP beigetreten waren. Jedenfalls wird sie für den 27.04.1936, einen Montag, vom Gesundheitsamt Neuwied einbestellt, ihr Bruder Gustav begleitet sie auf dem langwierigen Weg per Bus in die Kreisstadt am Rhein. Es sieht ganz so aus, als mache man sich große Mühe mit dem amtsärztlichen Gutachten, ein umfänglicher, deutschlandweit verwendeter Fragenkatalog soll ein genaues Gesundheits- und Herkunftsbild liefern. Die Untersuchung leitet eine »Kreisärztin« (sagt Pauline selbst auf die Frage nach den »Leuten in Ihrer Umgebung«.) Ihr physischer Befund ist rundum unauffällig, ihre Maße: 149 cm und 52 kg, es gebe »keine sichtbaren Abweichungen vom Normalen«, keinerlei Zeichen einer körperlichen Erkrankung, ihre Sensibilität sei nicht gestört. Festgehalten wird auch, dass sie (»die E.« = Erbkranke, so ihr Synonym in den Fragebögen) bisher nicht in ärztlicher Behandlung gewesen sei. Über die E. und ihre Familie könne der Dorfschulze Heinrich Schumacher aus Lautzert Auskunft geben. Über ihre soziale Entwicklung sei nichts Nachteiliges bekannt.

Auch ein traurig-komischer Intelligenztest ist dabei, der zum Beispiel von ihr wissen will, warum man Häuser in der Stadt höher baut als auf dem Lande (Weil mehr verkehrt dort ist, sagt Pauline), warum man lernt (Um etwas in der zukünftigen Zeit zu verstehen, sagt Pauline), weshalb man sein eigenes Haus nicht anzünden darf (Das ist ungerecht, sagt Pauline), und Feuer nicht abschließen (Weil keine Luft da ist, sagt Pauline). Und erstaunlich genug, in Ergänzung zum Vordruck, wo es heißt: Wie denken Sie sich Ihre Zukunft? stellt die Ärztin tatsächlich eine individuelle Zusatzfrage: Wollen Sie bei Ihrem Bruder bleiben? Darauf Pauline: Am liebsten, aber das geht nicht. Die Ärztin spricht sie tatsächlich auf ihre, Paulines, Zukunft an. Ist das Zynismus, ist da ehrliches Interesse? Will sie prüfen, wieviel Selbstverantwortlichkeit sie sich am Ende zutraut, das heißt nach der Unfruchtbarmachung? Denn darum geht es doch, am Ende, das ist allen Beteiligten klar. Ob im Gesundheitsamt jetzt im Jahre 36, im Olympiajahr, jemand ahnt, fürchtet, voraussieht, dass hier eine Todeskandidatin vor ihnen sitzt?

Während der Befragung soll sie auch die Wochentage aufzählen, vorwärts – und rückwärts. Und die Ärztin protokolliert: Mit Hilfe richtig. Denkbar, dass die Ärztin, wenigstens in diesem Augenblick, es gut mit Pauline meint. Und genau das handschriftlich zu Protokoll gibt, was an diesem Montag sich bestätigt und das Resümee hätte sein können oder müssen: Mit einer gewissen Hilfe kann die geistig leichtbehinderte Pauline Leicher tagaus, tagein ein richtiges Leben führen. Aber auch diese Ärztin ist naturgemäß eingeschworen auf die rassistische NS-Doktrin einer »erbbiologischen

Reinheit und Sauberkeit des ganzen deutschen Volkes«, auch sie muss die Weitergabe von möglichen Erbkrankheiten zu Lasten der Volksgemeinschaft konsequent verhindern und ggf. eine Zwangssterilisation veranlassen.

In welchem Ton hat Pauline bei diesem Verfahren, das an einen Strafprozess erinnert, gesprochen, weinerlich, leise, kaum hörbar, trotzig, triumphierend, wenn sie's genau zu wissen meint, benötigt sie Bedenkpausen? Zum Beispiel bei einer objektiv schwierigen Frage wie der folgenden, die da einer erkennbar, wie niedriggradig auch immer, Geistesschwachen gestellt wird: Welche Staatsform haben wir jetzt? Pauline: Hitler haben wir. Welch eine intelligente Antwort auf diese groteske, so deplatzierte Frage! Denn was hätte sie hier sagen können?, welches wäre die richtige Antwort gewesen? Drittes Reich, nach dem Kaiserreich und der Weimarer Republik? Deutsches Reich? Selbst heutige Staatsrechtler tun sich mit der Begrifflichkeit schwer.

Hitler haben wir, das passte, das saß, das war ein waches Wort aus dem Jetzt.

Noch am selben Tag (27.04.1936) unterschreibt der leitende Medizinalrat den Antrag auf Unfruchtbarmachung der Pauline L e i c h e r, auf Grund des Gesetzes zur Verhütung erbkranken Nachwuchses. Die Genannte, heißt es in dem Papier, leidet an »Angeborenem Schwachsinn«. Zur »Glaubhaftmachung« verweist der Amtsarzt auf sein Gutachten, das freilich aufs absurdeste uneindeutig ist. Und im Gegenteil sehr deutlich macht, dass es gar nicht um einen evidenten Befund geht, sondern die Diagnose praktisch vorgegeben war. Kein Wunder daher, dass keine weiteren Detailangaben gemacht werden (ausdrücklich wird im Vordruck gefragt nach »Haltung, Augen, Mimik, Stimme, Aussprache«), dass nur der »Gesamteindruck« festgehalten wird: »Typische Debilität (Schwachsinn, körperlich als solcher erkennbar)« – dabei hatte der physische Befund keinerlei Abweichungen vom

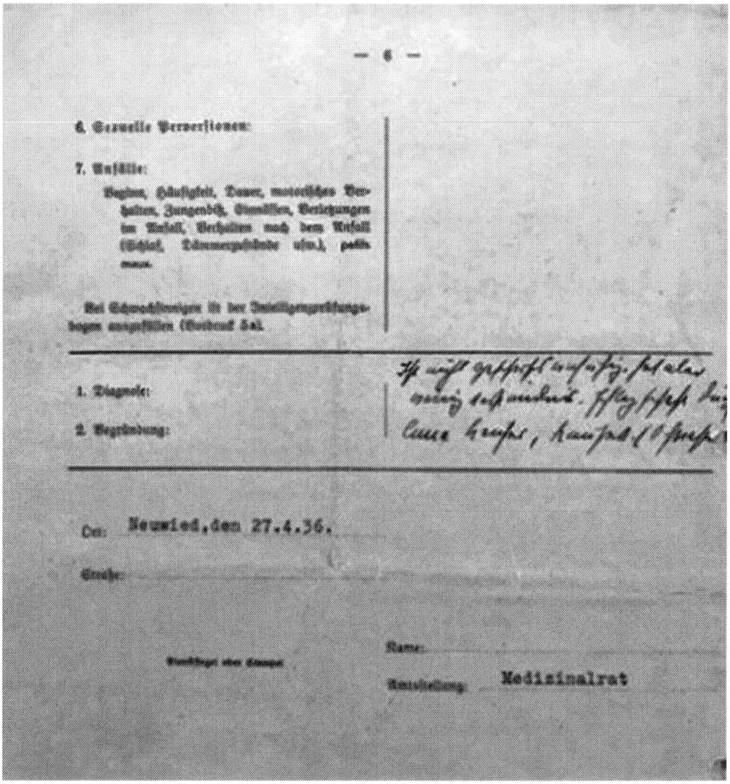

— 6 —

6. Sexuelle Perversionen:

7. Anfälle:

1. Diagnose:

2. Begründung:

Ort: Neuwied, den 27.4.36.

Straße:

Name:

Amtsbezeichnung: Medizinalrat

Auszug aus dem Gutachten zur Zwangssterilisation von Pauline Leicher (1936)

Normalen ergeben. Weiter heißt es in der Bemerkung zu ihrem Verhalten bei der Untersuchung weiter: »Hat weniges an Schulwissen, kann aber nicht denken«.

Es gibt zwei Versionen des Gutachtens, eine handschriftliche und eine andere in Maschinenschrift. »Ist nicht geschäftsunfähig«, heißt es in der Handschrift, die dann fortfährt: »Hat aber wenig Verständnis. Pflegschaft durch Anna Leicher.« In der sauberen Fassung mit Schreibmaschine ist dagegen zu lesen: »Pauline Leicher ist nicht geschäftsfähig. Die Vertretung übernimmt Anna Leicher, Lautzert.« Dieser gravierende Unterschied ist später tatsächlich jemandem aufgefallen; der aufmerksame amtliche Leser hat mit Blaustift zwischen die Wörter »nicht geschäftsfähig« ein Fragezeichen gesetzt und auf das Original-Gutachten verwiesen; es war, wie wir wissen, auf die Zwangssterilisation bezogen, zu spät und blieb ohne jede Auswirkung auch auf den weiteren fatalen Gang der Dinge.

Dieser Antrag auf Unfruchtbarmachung geht an das Erbgesundheitsgericht in Koblenz, das sich nun, das heißt sechs Monate später, seinerseits an das Amtsgericht Dierdorf wendet und um Auskunft ersucht, ob in der Familie Leicher Selbstmorde, Verbrechertum, Alkoholismus oder Hilfsschulbesuch vorliegen. Bei ihrer Anhörung vor dem Amtsrichter Poestges am 4. November 1936 macht Pauline bemerkenswerte Aussagen (siehe Abbildung). Die genannten Erbkrankheiten oder Besonderheiten seien in der Familie nicht vorgekommen. Den möglichen Selbstmord ihres Bruders Fritz verschweigt sie also, vielleicht taktisch vorbereitet von ihrem Bruder Gustav, vielleicht auch ehrlich überzeugt davon, dass es sich bei dem Tod des Fritz um einen unglücklichen Unfall gehandelt hat und ihr Kopf eine absichtliche Selbst-

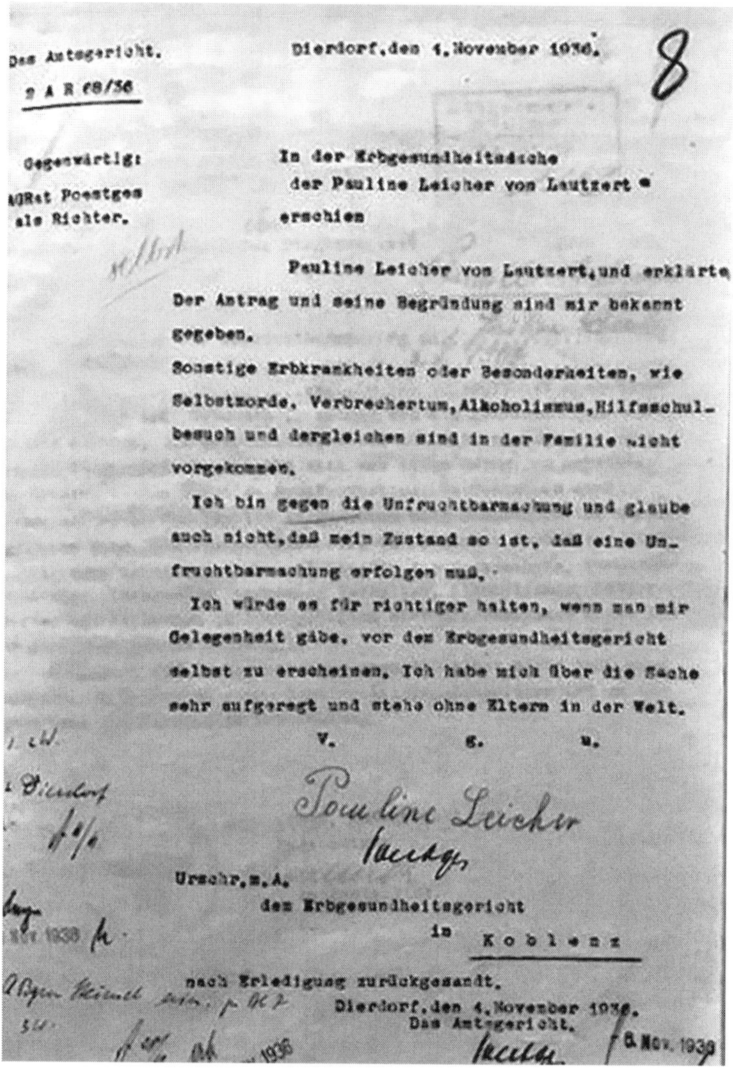

Das Amtsgericht.

9 A R 68/36

Dierdorf, den 4. November 1936.

8

Gegenwärtig:

AGRat Poestgen
als Richter.

In der Erbgesundheitssache
der Pauline Leicher von Lautzert -
erschien

Pauline Leicher von Lautzert, und erklärte:
Der Antrag und seine Begründung sind mir bekannt gegeben.
Sonstige Erbkrankheiten oder Besonderheiten, wie Selbstmorde, Verbrechertum, Alkoholismus, Hilfsschulbesuch und dergleichen sind in der Familie nicht vorgekommen.

Ich bin gegen die Unfruchtbarmachung und glaube auch nicht, daß mein Zustand so ist, daß eine Unfruchtbarmachung erfolgen muß.

Ich würde es für richtiger halten, wenn man mir Gelegenheit gäbe, vor dem Erbgesundheitsgericht selbst zu erscheinen. Ich habe mich über die Sache sehr aufgeregt und stehe ohne Eltern in der Welt.

v. g. u.

Pauline Leicher

Urschr. m. A.
dem Erbgesundheitsgericht
in Koblenz
nach Erledigung zurückgesandt.

Dierdorf, den 4. November 1936.
Das Amtsgericht.

6. Nov. 1936

Protokoll der Anhörung vor dem Amtsgericht Dierdorf

tötung nicht wahrhaben wollte – und es vielleicht objektiv auch keiner war.

Und sie erklärt klipp und klar, dass sie die Unfruchtbarmachung ablehnt. Sie habe sich über die Sache sehr aufgeregt, referiert der in dieser Erbgesundheitssache zuständige Amtsgerichtsrat ihre Aussage, als wäre das alles Paulines direkte Rede. Und sie stehe ohne Eltern in der Welt. Ein zu Herzen gehender Satz, mag der Richter Poestges ihre Formulierung auch nur sinngemäß wiedergegeben haben; es war die Aussage einer Kind gebliebenen 33-jährigen, die schon so lange ohne Vater und nun auch ohne Mutter leben muss. Eine nunmehr doppelt Zurückgebliebene, die aber nicht völlig alleingelassen ist, denn, immerhin, das wird deutlich: ihr Bruder Gustav ist auf ihrer Seite, und auch ihre Schwester Anna steht ihr bei. Zur Unfruchtbarkeit gezwungen zu werden, nein, das muss sie ablehnen, wenn sie schon keine Eltern mehr hat, dann bleibt ihr vielleicht die eigene Mutterschaft oder wenigstens die Aussicht darauf, einstweilen.

V. g. u.: Vorgelesen, genehmigt, unterschrieben: Paulines eigenhändige Unterschrift, in der Klarheit und Sorgfalt der Ungeübten, mit schönen schwungvollen Großbuchstaben, in einer leichten Abwärtsbewegung, die der richterliche Schriftzug darunter abzustützen scheint. Ein die weiterbestehende Rechtsstaatlichkeit vortäuschender Instanzenweg. Der juristische Schein wurde gewahrt. Pauline hatte keinen Rechtsbeistand, und vermutlich auch nicht, als sie später tatsächlich vom Erbgesundheitsgericht gehört wird, wo die allermeisten Fälle nach Augenschein oder Aktenlage mit einem Beschluss zur Durchführung der Zwangssterilisation entschieden worden sind.

Zu diesen Akten sollte ein Brief des von den Nazis eingesetzten kommissarischen Amtsbürgermeisters aus Steimel gehören. Offiziell um Auskunft ersucht, trug Hans Piorek, fanatischer Parteigenosse seit ihren Anfängen und ersichtlich dienstbeflissen gegenüber der Koblenzer Behörde, möglichst viel »belastendes Material« zusammen. In seinem ausführlichen Schreiben vom 5. Januar 1937 weist er eingangs immerhin darauf hin, dass bei Paulines Großeltern und Eltern keine Erbkrankheiten bekannt geworden seien. Dann aber legt er zunächst gegen ihre Schwester Emilie los: sie sei schwachsinnig und neige zu Gewalttätigkeiten, so dass schon vor Jahren die Unterbringung in einer Heil- und Pflegeanstalt erwogen worden sei. Und er erwähnt den Selbstmord des elfjährigen Bruders. Auch bei den übrigen Kindern, so der Bürgermeister wörtlich, könne man nicht von intelligenten Kindern sprechen. Pauline bezeichnet er dann auch als schwachsinnig, weist darauf hin, dass sie ja nur das »Lehrziel der Mittelstufe der Volksschule« erreicht habe. Ihre jeweiligen Arbeitsstellen verlasse sie immer wieder, bei häuslichen Arbeiten versage sie vollständig. Gegenwärtig sei sie in einem landwirtschaftlichen Betrieb in Leuzbach bei Altenkirchen beschäftigt.

Wieder vergeht eine lange Zeit quälender Ungewissheit und der beständigen Angst vor dem operativen Eingriff. Vor allem ist da die Verzweiflung über das ihr drohende Verhängnis, das Kein-Kind-Bekommen, das Nichtsein, das für immer Ungeborene und Verlorene, sie erlebt es ja hautnah mit, das Glück der Mutterschaft, jetzt in Lautzert, ihre Schwägerin Elise bringt am 7. März 1937 eine Tochter zur Welt, Marliese. Hoffte sie ernsthaft darauf, das Erbgesundheitsgericht würde sich gegen eine Sterilisation entscheiden? Hoffte sie darauf, das Erbgesundheitsgericht würde ihr nun doch noch die Erbgesundheit bescheinigen und sie, dachte ich im Unernst über die Zeit hinweg, als nicht erbungesund einschätzen? Über neun Monate hin ihr Bangen dem Richtspruch entgegen.

In Koblenz kommt es am Gericht in der Karmeliterstraße am 27. September 1937 zum Verfahren über ihren Einspruch.

Die beiden ärztlichen Beisitzer Lehmann und Recktenwald sowie der Richter Arntz behandeln Pauline wie eine Angeklagte, sprechen im Protokoll folgerichtig von einer Vernehmung »der L.« und erklären das objektiv so fragwürdige Gutachten des Neuwieder Amtsarztes für überzeugend. Am Ende lautet der formale Beschluss: Pauline Leichert, fälschlich am Ende mit t geschrieben, »ist unfruchtbar zu machen«. Zu bedenken ist noch einmal die Absurdität, dass möglicherweise ein vorheriger Fehler, der Lese- und Abschreibfehler im amtsärztlichen Gutachten, die nachfolgenden bösen Folgen ausgelöst hat. Das hemmungslose Weinen, in das sie nach dieser Mitteilung ausbricht, werten die Koblenzer Verantwortlichen quasi als »Schuldeingeständnis« (sage ich), jedenfalls deuten sie es, bar jeden Einfühlungsvermögens, in zynischster Weise gar als Bestätigung des angeborenen Schwachsinns – haben sie doch selber keine plausiblen Gründe angeben können, ja sogar »leidliche« Fähigkeiten »der L.« im Rechnen und auf anderen Gebieten konzedieren müssen.

Pauline erhielt 3,60 Reichsmark als Unkostenerstattung, der begleitende Bruder 5 Reichsmark.

Solche Beschlüsse gab es inzwischen zuhauf. Die Unfruchtbarmachung wurde in Krankenhäusern und Anstalten für Behinderte Teil der Alltagspraxis. So gab es zum Beispiel in Bethel wöchentlich einen »Sterilisationstag«, die Ärzte kamen kaum hinterher. Etwa 360.000 Deutsche wurden bis zum Ende des Dritten Reichs Opfer des Zwangssterilisierungsprogramms, dazu kamen 40.000 Menschen aus besetzten Gebieten. Die perverse volkshygienische NS-Logik bei der Diagnose »Angeborener Schwachsinn« ging z. B. davon aus, dass nicht etwa schwere Idiotie Anlass für staatliche Zwangseingriffe sei, sondern, wie in Paulines Fall, die mildere Form geistiger Beeinträchtigung, deren Träger, so der Neurologe und Rassenhygieniker Ernst Rüdin, ja eher zur

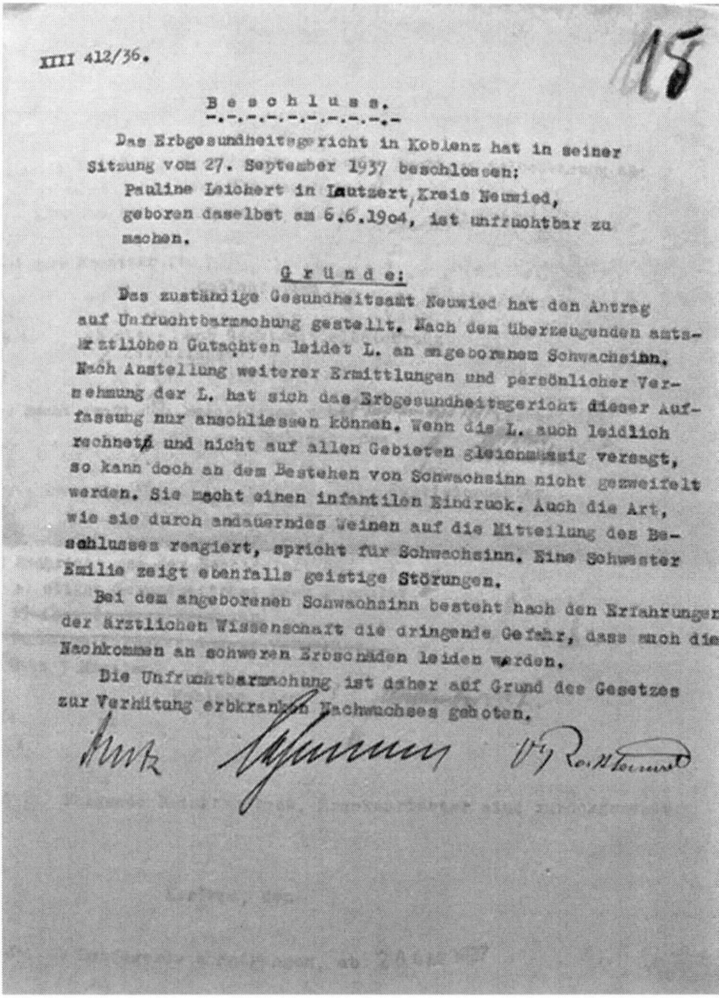

XIII 412/36.

Beschluss.

Das Erbgesundheitsgericht in Koblenz hat in seiner Sitzung vom 27. September 1937 beschlossen:

Pauline Leichert in Lautzert, Kreis Neuwied, geboren daselbst am 6.6.1904, ist unfruchtbar zu machen.

Gründe:

Das zuständige Gesundheitsamt Neuwied hat den Antrag auf Unfruchtbarmachung gestellt. Nach dem überzeugenden amtsärztlichen Gutachten leidet L. an angeborenem Schwachsinn. Nach Anstellung weiterer Ermittlungen und persönlicher Vernehmung der L. hat sich das Erbgesundheitsgericht dieser Auffassung nur anschliessen können. Wenn die L. auch leidlich rechnet und nicht auf allen Gebieten gleichmässig versagt, so kann doch an dem Bestehen von Schwachsinn nicht gezweifelt werden. Sie macht einen infantilen Eindruck. Auch die Art, wie sie durch andauerndes Weinen auf die Mitteilung des Beschlusses reagiert, spricht für Schwachsinn. Eine Schwester Emilie zeigt ebenfalls geistige Störungen.

Bei dem angeborenen Schwachsinn besteht nach den Erfahrungen der ärztlichen Wissenschaft die dringende Gefahr, dass auch die Nachkommen an schweren Erbschäden leiden werden.

Die Unfruchtbarmachung ist daher auf Grund des Gesetzes zur Verhütung erbkranken Nachwuchses geboten.

Gerichtsbeschluss 1936

Fortpflanzung kämen. Es sei selbst dann noch »angeborener Schwachsinn«, auch wenn dieser sich kaum mehr von normaler Dummheit unterscheide. Rüdin, der den regierungsamtlichen Kommentar zum »Gesetz zur Verhütung erbkranken Nachwuchses« von 1933 maßgeblich mitverfasst hatte, fungierte persönlich als Beisitzer an einem Erbgesundheitsgericht.

Zu den »Minderwertigen« rechneten die Nazis u. a. auch die Taubstummen. Im Dezember 1935 fand in Neuwied eine Konferenz rheinischer Gehörlosenseelsorger statt, die sich über das Thema der Sterilisation von Geburt an Taubstummer berieten. In dem Entwurf zu einem Merkblatt hieß es, es sei ehrenvoll, als Erbkranker auf Kinder zu verzichten. Über die eigene Sterilisation gelte es dann Stillschweigen zu bewahren. »Ja, Du selbst darfst nicht darüber sprechen, damit nicht Deine Familie in den Ruf kommt, erbkrank zu sein. Der Staat schützt Dich in Deiner Ehre.« In der späteren Endfassung ist nicht mehr von Ehre die Rede, sondern vom Gehorsam gegenüber der Obrigkeit, begründet im Römerbrief des Paulus, Kapitel 13, wonach alle Obrigkeit von Gott verordnet ist. Zuvor schon hatten, wie erwähnt, evangelische Eugeniker in der Treysaer Erklärung die Verhinderung »unwerten« Leben zur Christenpflicht erklärt. Von protestantischer Seite war in dieser Frage also kein Protest zu erwarten.

Von wem hätte Pauline Leicher daher Hilfe bekommen können? Wohl kaum, unter diesen theologischen Voraussetzungen, von dem neuen Ortspfarrer Emil Menz, der just im Jahre 1937 seinen Dienst in Oberdreis angetreten hatte. Er gehörte zwar zur Bekennenden Kirche, deren Vertreter aber die Schweigepflicht, die sie den Betroffenen empfahl, für sich selber anwandten und sich öffentlich nicht zur Zwangssterilisation äußerten. Vielleicht war Menz in der Kürze der Zeit gar nichts von dem konkreten Fall in seiner

Gemeinde zu Ohren gekommen. Denn er war durchaus ein aufrechter Christ und fürchtete die göttliche Obrigkeit mehr als die menschliche, was ihm schon bald größte Schwierigkeiten bereiten sollte.

Paulines Sterilisationstermin war vom Amtsarzt auf den 25. November 1937 festgesetzt worden. Durchgeführt wurde der chirurgische Eingriff im Neuwieder Krankenhaus des Vaterländischen Frauenvereins vom Roten Kreuz, dem heutigen DRK-Krankenhaus. Der ärztliche Bericht beschreibt die Operation als »Keilexcision. a.d. Uterus, Versenkung der Stümpfe zwischen die Blätter des Lig.lat.«. Unfruchtbarmachung und Nachbehandlung seien regelrecht verlaufen – mit Nebenerscheinungen bei der Heilung der Wunde. Erst am 16. Dezember, drei Wochen später, kurz vor Weihnachten also, wurde sie nach Lautzert entlassen. Das Weihnachtsfest hatten Nationalsozialisten zum »Fest der allgemeinen Mutterschaft« erklärt. Weihnachtsbriefe stempelte die Reichspost mit der Aufschrift: »Unser Führer der Retter ist da!«

Neuwied – Krankenhaus des Frauenvereins

Nach der Unfruchtbarmachung

Der Leser erinnert sich: Auf die amtsärztliche Frage: Wollen Sie bei Ihrem Bruder bleiben? hatte Pauline geantwortet: *Am liebsten, aber das geht nicht*. Für eine kurze Zeit durfte sie sich aber hier noch ein wenig erholen, vielleicht sich sogar nützlich machen, sich zum Beispiel um ihre Nichte kümmern, die kleine Marliese, mit der Familie hier Weihnachten und ins neue Jahr hineinfeiern. Doch langfristig konnte sie sich im alten Vaterhaus nicht einquartieren, hier wäre sie ein Klotz am Bein und eben das, was in aller Augen absolut unerwünscht war: ein unnützer Esser.

Nachdem sie körperlich wieder bei Kräften war, hielt man Ausschau, wo sie vielleicht unterzubringen wäre. Im Westerwald war dies kaum mehr möglich. Die wenigen gutwilligen Landwirte, die in Frage kamen, hatten schlechte Erfahrungen mit ihr gemacht. Offenbar konnten ihr auch die Verwandten im Siegerland nicht weiterhelfen. Ob sie jemals am Unglücksort ihres Vaters gewesen ist? Ich glaube, sie hat das Siegerland gemieden. Sie spürte wohl, eine wie sie, die man für plem plem hielt, für ein bisschen meschugge, war da nicht willkommen. Schließlich fand sich dann doch eine Arbeitsstelle nahe der Sieg, aber weiter weg, dem Rhein zu, bei einem Bauern im Bergischen Land, in (Neunkirchen-)Seelscheid.

Es belustigt mich, werfe ich hier ein, mit Verlaub, dass Friedrich Nietzsche die Sieg, die im Norden den Westerwald begrenzt, mit einem männlichen Artikel ausgestattet hat, er also *vom* Sieg sprach, in einem Brief an den Freund Paul Deussen.

Und noch was: Über Jahrzehnte war es meine Lebensaufgabe gewesen, mich mit Heranwachsenden, mit jungen Menschen zu beschäftigen, wie ich es jetzt zu meiner Restlebensaufgabe gemacht habe, mich mit Toten zu beschäftigen.

Die Toten sind meine Arbeitgeber, berühmte, unberühmte, spektakulär Gestorbene, unrühmlich Geendete, Männer und Frauen, Frauen wie zum Beispiel die Arme Dienstmagd Jesu Christi, die heiliggesprochene Katharina Kasper aus Dernbach – doch die evangelische Magd Pauline war, sage ich, gewiss die ärmere. Auch ihr Landaufenthalt in Seelscheid schlug fehl, so dass die Bauersleute sie Mitte des Jahres 1938 zum Arzt schickten, damit der die Verstörte kuriere. Naturgemäß war der Landarzt Dr. Edmund Drebber, kein Wunderheiler, damit überfordert, stellte aber für Pauline dennoch eine glückliche Ausnahme dar, da er, anthroposophisch geprägt, sich größte Mühe gab, sie als Gesamtperson zu sehen und nach einer fürsorglichen Lösung zu suchen.

Die Kommunikation zwischen Arzt und Patientin war nicht einfach. Schon bei den Angaben zur Person gab's Irrtümer, ihren Familiennamen verstand er als »Leichtner«, ihren Heimatort schrieb er »Laudzerd«. Dr. Drebber staunte, dass sie so freimütig ihre Unfruchtbarmachung ansprach, und auch deren Begründung »angeborener Schwachsinn«. Aus dem Brief, den er an die Kreisfürsorgerin in Troisdorf schrieb, geht hervor, dass er aus ihren verworrenen Auskünften über ihre häuslichen Verhältnisse nicht klug geworden sei.

Dabei ist dieser Edmund Drebber tatsächlich ein kluger Mann, er weiß – es sind sicher mehr als böse Ahnungen –, was gespielt wird, er weiß, dass Pauline weiterhin hochgefährdet ist. Wenige Jahre zuvor hatte er als Arzt in einem heilpädagogischen Kinderheim in Schloss Gerswalde in der Uckermark gewirkt und persönlich die von Erbgerichtshöfen angeordneten Zwangsoperationen zu verhindern gesucht. Daher macht er, der Menschenfreund in Seelscheid, einen, so scheint es, unverdächtigen Vorschlag. Man solle für Pauline Leicher nach einem Platz in einem Heim für Schwachsinnige und sonstige Leichtabnorme suchen, wo sie *nicht als Kranke* (kursiv von mir, H.F.) behandelt zu werden brauche, sondern unter Aufsicht, ihren beschränkten Fähigkeiten entsprechend, arbeiten könne. Und er nennt als Beispiel die Anstalt in Scheuern bei Nassau. Der dortige Direktor Karl Todt hatte freilich, anders als Drebber, die »rassepflegerischen Maßnahmen des Führers« bereits 1933 ausdrücklich begrüßt.

Die Einrichtung in Scheuern blieb offiziell eine Anstalt der Inneren Mission, stand aber unter Kontrolle der Nazis und war nach dem Führer-Prinzip dem SS-Sturmbannführer Fritz Bernotat untergeordnet. Dennoch hätte Pauline in Scheuern möglicherweise eine Überlebenschance gehabt, denn Direktor Todt versuchte während der Monate der Euthanasie immer wieder, Heimbewohner vor dem Abtransport nach Hadamar zu bewahren.

Noch ein Wort zu Edmund Drebber, dem »Landarzt aus Passion«. Unter diesem Titel veröffentlicht er 1974 im »Ärzteblatt« einen Aufsatz über seine langjährigen Erfahrungen. Darin beschreibt er, wie wichtig ihm der intensive Kontakt zu Land und Leuten gewesen sei, z. B. durch Zusammenkünfte mit Rutengängern, Brunnenbauern, Forstleuten, Flurhütern, Jagdpächtern, Schäfern und Imkern, die ihm immer wieder neue, überraschende Einblicke in Naturzusammenhänge eröffnet hätten. Und an einer Stelle heißt es: »Selbst der Dorfdepp muss seinen Platz in der Landpraxis finden.« Was mich wiederum an einen Satz von Adalbert Stifter erinnert, in welchem er u. a. die »Schleifer Krämer Bettler Hausierer Jäger Tiroler Zigeuner …« zu den Menschen rechnet, die »nicht so recht ihren Platz in dem Waldlande« haben.

Pauline kam nicht nach Scheuern, sondern landete erneut auf dem freien Arbeitsmarkt, obwohl Dr. Drebber ausdrücklich davor gewarnt hatte: dort werde sie nur wieder Schiffbruch erleiden. Wie recht er haben sollte! Hitlers Rüstungsindustrie expandierte und damit auch die Sprengstoffproduktion. Die Dynamit AG in Troisdorf, eine Fusion aus der Dynamit Nobel AG, der Siegener Dynamitfabrik sowie der Rheinisch-Westfälischen Sprengstoff-Fabrik, hatte Pauline als Putzfrau zum Kehren der Betriebsräume eingestellt, eine Beschäftigung, die sie in der zweiten Jahreshälfte immer schlechter und unzuverlässiger erledigte. Oft mag sie da, auf ihren Kehrbesen gestützt, gestanden haben, in sich gekehrt, wie man sagt, und wartend, bis der Staub, den sie aufgewirbelt hatte, zu Boden gesunken war.

Sie hatte sich in Troisdorf in der Kölner Straße ein Zimmer genommen und war nach Aussage der Kreisfürsorgerin Hedwig von Haza-Radlitz anfangs ohne weitere Hilfe ganz gut mit der Situation fertig geworden. Nach den sich aber bald häufenden Klagen der Betriebsleitung wie auch der Hauwirtin überzeugte sich die Fürsorgerin selbst von dem verwahrlosten Zustand von Paulines »Stübchen«.

In ihrem Schreiben kurz vor Weihnachten 1938 an die erbbiologische Abteilung des Kreisgesundheitsamts Siegburg nennt sie die 34-jährige Pauline metonymisch »das Mädchen«. Klingt da etwas fürsorglich Empathisches mit, oder ist es ein Abqualifizieren als Unmündige? Oder eine Wortwahl aus weiblicher Solidarität, wenn es weiter heißt: »Das Mädchen erzählt an verschiedensten Stellen von ihrer Unfruchtbarmachung.« Tatsächlich lagen der 1881 geborenen Hedwig von Haza-Radlitz solche Gedanken und Gefühle nicht fern. Idealistisch motiviert, hatte sie sich, zunächst jugendpflegerisch, dem Fürsorgewesen zugewandt, das noch aus der Kaiserzeit stammte. In jungen Jahren hatte sie Schriftstellerin werden wollen und bereits erfolgreich mehrere Publikationen in etablierten Verlagen herausgebracht, eher romantische, eine heile Welt ausmalende Werke, jenen der Hedwig Courts-Mahler nahe, bevor das Unheil ihrer Zeit sie eine ganz andere Herausforderung annehmen ließ.

Hedwig von Haza-Radlitz, Buchtitel 1913

Nicht zuletzt die Massenbeschäftigung von damals so genannten weiblichen Arbeitern in der Munitionsindustrie stellte die behördliche Wohlfahrtsfürsorgerin vor eine Fülle sozialer Aufgaben. In ihrem Dezemberbrief an die erbbiologische Oberaufsicht in Siegburg schreibt die vormalige Schriftstellerin wörtlich weiter:

> Im Betrieb wird Pauline anscheinend zur Zielscheibe von törichten Neckereien durch die übrigen Arbeiterinnen. Sie leidet an krankhaften Einbildungen und meint, einer der Herren des Betriebs werde sich Weihnachten mit ihr verloben. Sie äußert sich dahin, dass sie sich das Leben nehmen wolle, wenn sie dies Ziel nicht erreiche oder wenn der Herr sie sitzen ließe. Man will sie seitens des Werks nicht plötzlich entlassen, doch kann sie nicht dort bleiben und hat alsdann kein Unterkommen.

Nein, komisch war das alles nicht, was da an Verhöhnung und Verspottung zusammenkam. Wie so oft, wenn jemand einen Mangel, eine Armut zeigt, weidet sich sogleich ein Rudel Unmenschen an der Blöße des schwächeren Menschenkinds. Diese Hedwig von Haza-Radlitz aber zeigte Herz, im Gegensatz zur NS-Doktrin, nach der schwache Individuen nicht gefördert, sondern ausgesondert gehörten.

Wo verbrachte Pauline das Weihnachtsfest? Jedenfalls eskalierte die Lage, die Firma entließ sie, sie durfte die Zündhütchenfabrik nicht mehr betreten. Einsamkeit, Aussichtslosigkeit. Verzweiflung. Frau Prinz, die Vermieterin, hatte sich aber bereit erklärt, Pauline so lange dazubehalten, bis ihre Unterbringung geklärt sei. Sie aß nichts mehr, sondern weinte und weinte, weinte immerfort, so dass die Wirtin den Arzt rief – und Pauline auf einmal verschwunden war, ohne ein Wort und auch ohne sich polizeilich abzumelden, schreibt die Fürsorgerin in einem weiteren Brief. »Das Mädchen hat anscheinend eine Unterredung des Arztes mit der Wirtin belauscht und sich heimlich davongemacht.«

In diesem Gespräch wird wohl auch von einer Einweisung in die Nervenklinik Bonn die Rede gewesen sein, was Hedwig von Haza-Radlitz zuvor schon empfohlen hatte. Ihr Vorschlag, Pauline »für einige Tage« dort aufzunehmen, sei aber aus irgendeinem Grund nicht angenommen worden. Auch verweist sie auf den Brief des Dr. Drebber, den sie in Abschrift beifügt, und damit auf eine mögliche dauerhafte Unterbringung beispielsweise in den Heimen Scheuern als einem Lebens- und Arbeitsort für Behinderte. Dass die evangelische Anstalt Scheuern, trotz oder auch wegen ihres Direktors Todt, schon wenig später, von den Nazis umfunktioniert, zum Vorhof des Todes werden sollte, ahnte sie nicht.

Pauline, die Ausreißerin. Bloß weg hier, bloß nicht in eine Anstalt! Sie wird wieder nach Lautzert gefahren sein, wo man aber genau deswegen in großer Aufregung war, aber nicht wegen Pauline, sondern wegen Emilie, die sich zur Zeit, seit Oktober 1938, in eben jener Heil- und Pflegeanstalt Bonn befand, vor der ihre Schwester aus Troisdorf geflohen war. Emilies gelbe Karteikarte hat sich erhalten, sowie das Deckblatt einer sogenannten Sippentafel, auf der ihre Adresse Kölner Straße 23 in Altenkirchen vermerkt ist, wo sie als Hausangestellte beschäftigt war.

Emilies Lebensweg: weniger deprimierend als der Paulines, aber schlimm genug, wegen des fortwährenden Risikos schizophrener Rückfälle. Den 9. November, die sogenannte Reichskristallnacht, verbringt sie also in der Obhut der Anstalt, ebenso den 8. Dezember, ihren 39. Geburtstag, und auch das Weihnachtsfest. Ist nicht auch sie eine »Ballastexistenz« im Sinne des Propagandaplakats, mit dem 1938 die Nazis die Ausgrenzung von Behinderten und unheilbar Kranken allein schon aus Kostengründen psychologisch vorbereiten? Auch Emilie war in jedem Fall eine Kandidatin für die Zwangssterilisierung. Die völkische Begründung ließe sich nachlesen in Hitlers »Mein Kampf« auf den Seiten 444ff. – ich selbst habe sie hier nicht abschreiben mögen.

Plakat 1938

Am 1. Februar 1939 kommt es am Erbgesundheitsgericht Bonn zu einem entsprechenden Beschluss, auf der Grundlage eines Gutachtens, das ihre »Wahnideen, Halluzinationen, Affektstörungen, Vergiftungsideen« festhält, sowie eine »Weitschweifigkeit des Denkens«. Am Gerichtstage gibt sie an, vier Mäuse im Hals zu haben. Im Protokoll finden sich die kuriosesten Einzelheiten, möglicherweise hat sie der Protokollführer gar nicht ungern aufgeschrieben (so wie auch ich jetzt), vielleicht hatte auch der ärztliche Fragesteller immer intensiver nachgefragt, als Emilie erzählte, sie telefoniere noch häufig mit dem Führer, meist rufe er sie an, sie müsse dann an den Apparat kommen und den Hörer abnehmen. Im Januar sei Adolf Hitler in einem schneeweißen Auto mit schwarzgoldenem Namen nach Flammersfeld gekommen. Der Pfarrer habe dann eine Zusammenkunft zwischen ihr und Hitler vermittelt. Hitler habe sie auch untersucht. Er habe ihr auch ein Magengeschwür weggemacht. Übers Radio vertraue er ihr zudem Geheimnisse an.

Erstaunlich, dass Emilie ihre (von mir hier leicht gekürzten) paranoiden Wahngeschichten so ausführlich hat erzählen können, dass man sie hat ausreden lassen und alles aufgezeichnet hat. Weil der Führer hier so gut »dabei wegkommt«? Hitler, ihr verinnerlichter Heilsbringer, ihr Retter?

In der Familiengeschichte taucht der Ortsname Flammersfeld dann noch einmal auf, als Sterbeort der Schwester Anna, verheiratete Hausmann, die hier bis 2006 gelebt hat.

Daneben finden sich im Protokoll auch diese Aussagen: Das Leben sei ihr leid geworden, und sie habe viel geweint. Vielleicht sagte sie dies im Hinblick auf die drohende Unfruchtbarmachung, die am 27. Februar 1939 in der Universitäts-Frauenklinik Bonn durchgeführt wird, röntgenologisch, durch Ovarialbestrahlung. Schon zwei Tage später kommt sie wieder zurück in die Heil- und Pflegeabteilung, wo sie bis Anfang Juli bleibt und sich dann in Niederkassel aufhält. Hier ist sie im Haus Elisabeth, einem Altenheim, als Heil- und Pflegeangestellte tätig, über die Kriegsjahre hinweg offenbar unbehelligt, offenbar dauernd arbeitsfähig und daher als Volksgenossin in der Kosten-Nutzen-Bilanz mit einem kleinen Plus ausgestattet. Kurz vor ihrem Tod hat sie noch einmal einen Rückfall. Am 25. April 1961 stirbt Emilie Leicher in eben jener »Rheinischen Landesklinik Bonn«, wie sie zu dieser Zeit dann heißt.

Hitler hatte 1935 auf dem Reichsparteitag in Nürnberg eine Ermächtigung zur »Vernichtung lebensunwerten Lebens« noch abgelehnt mit der Begründung, »dass, wenn ein Krieg sein soll, er diese Euthanasiefrage aufgreifen und durchführen werde«, da »die Befreiung des Volkes von der Last der Geisteskranken« im Krieg leichter möglich sei und, »wenn alle Welt auf den Gang der Kampfhandlungen schaut ..., der Wert des Menschenlebens ohnehin minder schwer wiegt.« Ferner meinte Hitler, dass »Widerstände, die von kirchlicher Seite zu erwarten sind, in dem allgemeinen Kriegsgeschehen nicht diese Rolle spielen wie sonst.«

Seit 1936 öffneten sich psychiatrische Anstalten zunehmend für Besucher aller Altersstufen, um die Öffentlichkeit von der Notwendigkeit der Euthanasie zu überzeugen. Es wurden Schwerkranke gezeigt, auf ihr »Leiden« verwiesen und die hohen Kosten ihrer Unterbringung hervorgehoben. Damit sollte vermittelt werden, dass ein schneller, barmherziger Tod für alle Seiten die günstigste Lösung sei.

Seit dem 27. März 1939 waren die Anstalten zur systematischen »Erbbestandsaufnahme« und »Sippenerhebung« verpflichtet. Die entsprechenden Formulare, entdeckte ich bei meinem Besuch in Hadamar, wurden auch im Westerwald gedruckt: im Verlag Wilh. Dieckmann in Altenkirchen. Am 18. August 1939, zwei Wochen vor Beginn des Zweiten Weltkrieges, ordnete ein Runderlass Adolf Hitlers an, wonach dem neugegründeten »Reichsausschuß zur wissenschaftli-

Plakat einer Ausstellung des Reichsnährstandes 1936

chen Erfassung von erb- und anlagebedingten schweren Leiden« auch jedes missgestaltete Neugeborene zu melden war, rückwirkend gültig für alle Kinder bis zu einem Alter von drei Jahren. Unausgesprochen hierbei die geplante Kindereuthanasie, die bald schreckliche Wahrheit werden sollte.

Der Kriegsbeginn lieferte den Nationalsozialisten die vermeintlich sachlich und moralisch überzeugenden Argumente. Der Gedanke sei ihm unerträglich, äußerte Hitler, dass ein Kriegsverletzter ohne ein Bett sei, weil dieses Bett ein Geisteskranker belege! Die weitergehende Planung für die Morde an erwachsenen Geisteskranken und Behinderten fand in Berlin am 9. Oktober 1939 in der Kanzlei des Führers statt, wo bereits die Tötung, die Vergasung mittels Kohlenmonoxids besprochen und auch der verschleiernde Begriff »Desinfizieren« verwendet wurden. An diesem 9. Oktober schreibt Adolf Hitler auf privatem Briefpapier eine formlose Ermächtigung an seinen Leibarzt Karl Brandt und NSDAP-Reichsleiter Philipp Bouhler. Die beiden werden darin beauftragt, »die Befugnisse von Ärzten so zu erweitern, dass unheilbar Kranken – bei kritischer Beurteilung ihres Krankheitszustandes – der Gnadentod gewährt werden kann.« Das Schreiben – es ist nur ein einziger Satz – wird von Hitler auf den 1. September zurückdatiert, auf den Kriegsbeginn also, und persönlich unterzeichnet.

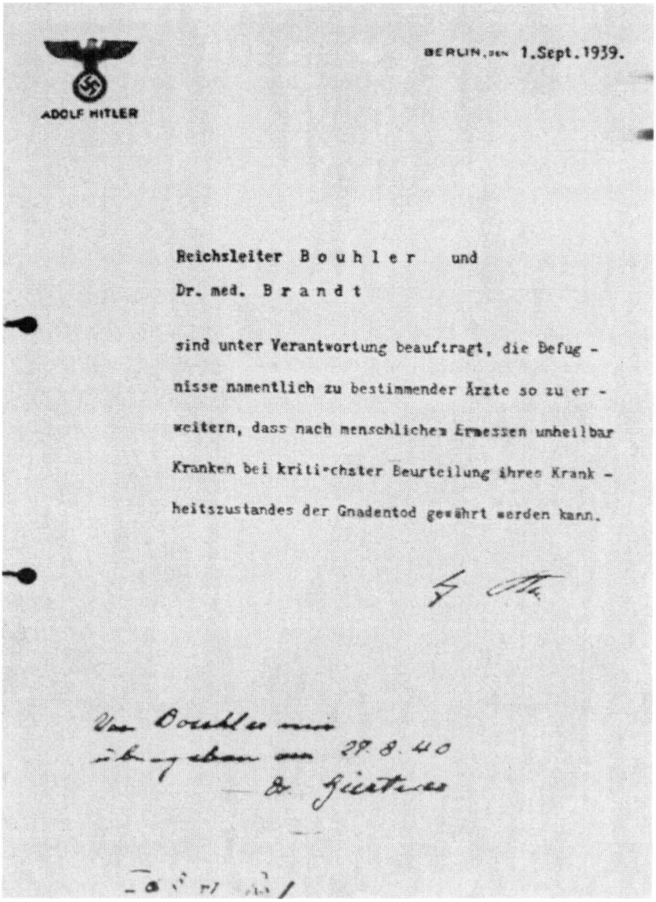

ADOLF HITLER

BERLIN, DEN 1.Sept.1939.

Reichsleiter B o u h l e r und

Dr. med. B r a n d t

sind unter Verantwortung beauftragt, die Befug - nisse namentlich zu bestimmender Ärzte so zu er - weitern, dass nach menschlichem Ermessen unheilbar Kranken bei kritischster Beurteilung ihres Krank - heitszustandes der Gnadentod gewährt werden kann.

Von Bouhler mir übergeben am 27.8.40 Dr. Gürtner

Hitler-Erlass 1939

Ich gestehe, dass ich dieses historische Exzerpieren und Kompilieren weit weniger gern betreibe, als das ganz persönliche Leben und Leid der Pauline Leicher aufzuzeichnen – wenn ich es nur anschaulich genug tun könnte! Denn von Frühjahr 1939 an fehlen mir für ein ganzes Jahr, ihr letztes Lebensjahr in relativer Freiheit, selbst die kleinsten Nachweise. Doch ich wehre mich dagegen, dass hier schon ihre individuelle Auslöschung beginnen soll, ich will sie hier nicht vorzeitig in der bürokratischen Perfektion der Vernichtungsplanung durch den NS-Staat untergehen lassen. Solange sie sich unauffällig verhielt, ließen die beteiligten Ämter sie scheinbar in Ruhe. Wo hielt sie sich auf? In Lautzert war Mitte des Jahres das zweite Kind von Elise und Gustav zur Welt gekommen, wieder ein Mädchen, Margot. Denkbar, dass Gustav erst eingezogen wurde, nachdem Hitler den Feldzug gegen die Sowjetunion begonnen hatte, so dass er den Tod der kleinen Margot, die mit achtzehn Monaten an den Folgen einer Gehirnhautentzündung starb, noch hatte miterleben müssen.

Gustav, Elise und Marliese Leicher

In Paulines Heimatgemeinde begrüßten sich die Leute längst mit Heil Hitler!, die meisten jedenfalls, denn wer das nicht tat, fiel auf und wurde denunziert, wie der Ortspfarrer Emil Menz, dem überdies vorgeworfen wurde, er hätte »im kirchlichen Unterricht ausgeführt, dass alle Menschen vor Gott gleich seien, die arischen, germanischen Menschen nicht besser als die Juden, Hottentotten und die Neger; und endlich hätte er behauptet, Jesus sei kein Arier gewesen, sondern ein Jude.« So nachzulesen in den von seinem Sohn veröffentlichten Erinnerungen. Später klagte er sich an, wie die Bekennende Kirche im ganzen, nicht entschiedener widerstanden zu haben. Das folgende Zitat aus einem seiner Gottesdienste 1937 brachte ihm, vom Landrat in Neuwied verfügt, ein Zwangsgeld von 50 RM ein: »Wir sind alle von einem Angstgefühl befallen bzw. befangen, sonst würden wir in der Öffentlichkeit unser Christentum ganz anders verteidigen.« Am dritten Adventssonntag 1939, also Ende des ersten Kriegsjahrs erlaubte sich Pfarrer Menz in seiner Predigt über Jesaja 40, 1-8 ein letztes Mal einen deutlichen Widerspruch gegen den Totalitätsanspruch des nationalsozialistischen Staates und seinen völkischen Wahn:

> »Man sagt, mag auch der einzelne zugrunde gehen, das Volk, für das man lebt und arbeitet, wird wenigstens bleiben in Ewigkeit. Dieser Glaube ist ja heute besonders lebendig. Wo Menschenaugen Persönlichkeiten sehen, die dem Jahrhundert ihren Namen geben und ihr Gepräge aufdrücken wollen, Staaten, die in ihrem Drang zur Weltmacht aus den Schranken des Raumes und der Zeit ausbrechen wollen, Kulturen, die Jahrtausende überdauern und formen, Religionen, die auf Ewigkeit Anspruch da erheben, sagt Gottes Wort einfach nur: »Gras!« … Es gibt aber nur eins, das nicht der Vergänglichkeit

> und Hinfälligkeit und Nichtigkeit anheimgegeben ist, sondern bleibt für alle Zeit und Ewigkeit, weil es von der Ewigkeit her ist, das ist Gottes ewiges Wort. Das Wort unseres Gottes bleibt in Ewigkeit.«

Menz las seine Predigt ausnahmsweise ab, fand den Wortlaut deutlich und doch vorsichtig genug, schließlich war ein Gestapo-Spion zugegen. Der Kirchmeister hatte ihn gewarnt: »Herr Parrer, do owe uf der Empore hockt werrer einer hinner der Orgel.« Doch Anfang Januar 1940 wurde er nach Koblenz vorgeladen und in Schutzhaft genommen. Nach seiner Entlassung war ihm der Aufenthalt in der Rheinprovinz verboten. Bis zum Ende des Krieges war er Soldat in Norwegen. Danach konnte er seinen Pfarrdienst in Oberdreis wieder aufnehmen.

Tröstet, tröstet mein Volk, spricht euer Gott – so beginnt das Jesaja-Kapitel 40. War Pauline einer jener Untröstlichen, die auch ein kraftvolles Bibelwort wie dieses kaum hätte trösten können? Der bekennende Pfarrer spendete ihr keinen Trost, er wusste wohl in ihrem konkreten Fall von nichts, und eine christliche Solidarität mit den geringsten Brüdern und Schwestern verstand sich dem theologisch angepassten Zeitgeist gemäß durchaus nicht von selbst. Zwangssterilisierung war inzwischen ja von kirchlicher Seite befürwortet worden, dagegen verbiete es sich, so die Auffassung nach Treysa, Menschen mit schwerster Behinderung zu töten, nicht zuletzt deshalb, weil ihre Anwesenheit eine Mahnung für eine verantwortliche Familienplanung darstelle. Noch immer geisterte in pastoralen Köpfen die Vorstellung, behinderte Nachkommenschaft sei die Folge von Schuld und Sünde.

Für Pauline war das persönliche Ungemach in diesem extrem kalten Winter 1939/40 schwer erträglich, und für ihre Angehörigen die ganze ungeklärte Situation nicht minder. Ich sehe Pauline, eine allermeist Stilltraurige, die es insge-

Winter im Westerwald

heim, ist sie einmal allein, am ganzen Leibe schüttelt in Weinkrämpfen, die dann rausläuft in den Schnee, am Hüllenstück vorbei zum Totenhof hin, wo die Mutter liegt. Wird dabei keine Augen gehabt haben für den hohen Kamin hinter Oberdreis, aus dem kriegswichtig der Rauch emporsteigt. Hier bleiben, denkt sie, aber das geht nicht. Aber ein Abtauchen, Untertauchen, Fortlaufen, Sichdavonmachen irgendwohin auch nicht, heraus aus ihrer Geschichte, aus der Geschichte überhaupt – daran war kein Denken. Doch war ihr denn ihr kindliches Gemüt nicht bisweilen von Vorteil? Ich will die Pauline dennoch auch sehen als eine Grundfröhliche, also von ihr hier auch sagen können, sie habe immer wieder, bisweilen, dann und wann laut aufgelacht. Oder behaupten, sie habe oft minutenlang in sich hineingegiggelt. Und bin überzeugt, das ist nicht hineinprojiziert, hineinfantasiert.

Was genau dazu führte, dass sie am 1. März »abgeholt« wurde? Ich weiß es nicht. Dass die objektiv doch nur leichtbehinderte Pauline ausgerechnet in diesen Monaten, wo die mörderische »Aktion T4« einsetzte, nach Andernach kam … Ob schon etwas davon durchgesickert war, dass ein Aufenthalt dort möglicherweise lebensgefährlich war? Die ersten Gasmorde fanden bereits statt, so in der Anstalt Grafeneck auf der Schwäbischen Alb und in Brandenburg an der Havel. Das Wehgeschrei, das sich an diesem Abschiedstag am Leicher-Haus erhob, scheint auf schlimme Vorahnungen hinzudeuten. Der Nazi-Bürgermeister Hans Piorek, dessen Name aufs böseste mit der Demütigung und Vertreibung Puderbacher Juden verbunden ist, leistete dem Gestapo-Abholkommando Amtshilfe, mitsamt dem Lehrer Albert Weinand, der im Braunhemd aus Weroth herbeigeradelt war. So hat es mir jener alte Lautzerter, damals in den Anfängen dieser Recherche, erzählt.

Ab nach Andernach, heißt es hierzulande, launig, leichtfertig gemeint, manchmal im Volksmund. Wie schnell doch ein völkischer, ein herrenvölkischer Mund das Sagen haben kann …

In der Zwischenanstalt

Haben sie sich gegenseitig wiedererkannt, die gegen ihren Willen nach Andernach überstellte Pauline Leicher und der Direktor der Anstalt Johann Recktenwald? Zweieinhalb Jahre zuvor waren sie sich am Erbgesundheitsgericht in Koblenz begegnet, wo Dr. Recktenwald als Beisitzer die Diagnose »Angeborener Schwachsinn« bestätigt und die Zwangssterilisation bei der »L.«, welche auf das Gremium einen infantilen Eindruck machte, angeordnet hatte. Die damals tränenblinde Pauline wird sich kaum an den Mann erinnert haben, wenn sie ihn in der neuen, verstörenden Umgebung überhaupt zu Gesicht bekommen hat. Der Anstaltsleiter war inzwischen auch zum Oberstabsarzt und Direktor des Reservelazaretts Andernach ernannt worden. Mit dieser Doppelfunktion verdeutlichte er umso klarer die Bedingungen der NS-Kriegswirtschaft: Nicht arbeits- oder kampffähige Patienten verursachten nur Kosten und galten als lebensunwert.

Im Laufe des Jahres 1940 hatten neben Grafeneck und Brandenburg weitere »Tötungsanstalten« (im oberösterreichischen Schloss Hartheim, im sächsischen Pirna-Sonnenstein und in Bernburg an der Saale) mit der systematischen Ermordung von Kranken und Behinderten in Gaskammern begonnen. Hadamar bei Limburg an der Lahn sollte als sechste Gasmordanstalt nach der Schließung von Grafeneck im Folgejahr hinzukommen. Im April 1940 war die Organisationszentrale des Massenmords in einer Stadtvilla in Berlin eingerichtet worden, Adresse: Tiergartenstraße 4. Heute befindet sich hier einer der Eingänge der 1963 eröffneten Berliner Philharmonie sowie seit 2011, endlich, ein medialer Erinnerungsort mit einer auffälligen, 24 Meter langen halbtransparenten blauen Glaswand.

Nach Hitlers ausdrücklicher Vorgabe bekam die Vernichtungsaktion keinerlei gesetzliche Grundlage, als Geheime

Reichssache sollte sie schnell und unbürokratisch, möglichst ohne Einschaltung staatlicher Stellen, erledigt werden. An diese neue »Zentraldienststelle T4« hatten sämtliche psychiatrische Anstalten sogenannte Meldebögen zu schicken. Es ging weniger um eine Erfassung nach Kriterien der »Erbhygiene« als um eine Selektion solcher Anstaltspatienten, die als dauerhaft pflegeaufwendig und verhaltensauffällig benannt wurden, kurz: als arbeitsuntauglich.

Die Durchführung erwies sich allerdings als bürokratisch genug. Tatsächlich glaubte man anfangs in den Anstalten noch – und ließ sich mit dem Ausfüllen Zeit –, bei den Meldebögen handle es sich um eine statistische, planwirtschaftliche Erhebung. Doch bald wurde auch in der Heil- und Pflegeanstalt Andernach hinter vorgehaltener Hand weitererzählt, was es mit dieser Datensammlung auf sich hatte. Beim Deutschen Gemeindetag am 3. April 1940 wurden die versammelten Oberbürgermeister von der Aktion in Kenntnis gesetzt. Der Parteigenosse und SS-Oberführer Victor Brack wies auf die Notwendigkeit hin, sich zugunsten der heilbaren Kranken von der Last der unheilbar Kranken zu befreien: diese Wesen gelte es zuerst zu beseitigen und sie vorübergehend, so die zunächst verklausulierte Version, in ganz primitiven Häusern zum Sterben zusammenzupferchen. Bei aller Verpflichtung zur Verschwiegenheit war aber kaum zu verhindern, dass entsprechende Gerüchte in die Öffentlichkeit drangen.

Ich muss höllisch aufpassen, dass ich unter dem name-dropping von Nazifunktionären meine, nein unsere, erzählchronologisch gesehen, noch lebende und leidende, am Tage arbeitstherapeutisch oder im Dauerbad oder sonstwie behandelte Pauline nicht aus den Augen verliere, sie nicht übersehe im Andernacher Schlafsaal in ihren in Verzweiflung und Ängsten sich hinziehenden Nächten, sie nicht verschwin-

Villa Liebermann, Tiergartenstraße 4

den lasse, sie nicht vorzeitig aufgebe. Als Schreiber vom Dorfe, aus ihrem und meinem Dorfe, überschüttet von sich selbst reproduzierenden und variierenden demoralisierenden Dokumenten, nach Ernst Klee, nach Götz Aly und den inzwischen allzu vielen. Mein stummes Zwiegespräch mit Pauline ist dabei ins Stocken geraten, sie ist schweigsamer, mir, anstatt vertrauter, fremder geworden, manchmal höre ich gar ihren Ausruf: Du Idiot! – Selber! gebe ich ihr dann aber zurück und meine dies auf sie bezogen im positiven Sinne, Pauline die Idiotin, die ihr persönliches Grundanderssein unter Nazis nicht leben darf, dessen Besonderheit aber anderswo und anderswann die »Normalen« ihre Normalität hätte berichtigen, befragen, bereichern lassen können, so ist die Erfahrung von alters her.

Ende April 1940 war ein Dr. Wesse von Bedburg-Hau nach Andernach gewechselt. Schon im März, just in dem Monat, als Pauline hier eingeliefert worden war, hatte man in der Anstalt Bedburg-Hau mit der Aussonderung und *Verlegung* von Geisteskranken begonnen, um Platz zu schaffen für ein Marinelazarett. Die Deportierten wurden dann in Galkhausen und Brandenburg ermordet. Hermann Wesse wusste also Bescheid, als die gelben Meldebögen im Juni hier eintrafen. In diesen Meldebögen sollte z. B. angegeben werden, ob der Patient regelmäßigen Besuch erhalte. Sodann Angaben zur Rasse: Deutschen oder artverwandten Blutes (deutschblütig), Jude, jüdischer Mischling, 1. oder 2. Grades, Neger, Negermischling, Zigeuner, Zigeunermischling. Bei der Diagnose Schwachsinn: ob debil, imbezil oder Idiot. Ob der Patient unsauber sei? Zur Arbeitsfähigkeit wurde gefragt, ob er beispielsweise zur Feldarbeit tauge, zur Hausarbeit, etwa zur Zimmerreinigung. Und schließlich: Ob mit einer Entlassung demnächst zu rechnen sei.

Wer länger als fünf Jahre in einer Pflege-Einrichtung war, galt als kostenintensiver Dauerpatient. Ebenso wer nicht arbeiten konnte oder wollte und wer besonders lästig war. Von Pauline, die ja kaum ein Jahr da war, ist vielleicht zunächst gar kein Meldebogen ausgefüllt worden. Bei der Frage, ob eine Entlassung bevorstünde, wird man bei Pauline noch nicht viel gesagt haben können, nach ihren wenigen Monaten in Andernach war es für eine gesicherte Prognose zu früh. Sie war vermutlich nicht besonders kooperativ, fiel wohl eher auf durch permanente Tristesse und Weinkrämpfe als durch Renitenz und Bosheit. Jedenfalls machte sie sich nicht unentbehrlich als willige und billige Arbeitskraft, doch es ist nicht anzunehmen, dass sie als schwerer, aussichtsloser Fall eingeschätzt wurde.

Pauline wird kaum je Besuch oder auch einfach nur Post aus Lautzert bekommen haben. Ein weiterbestehender enger Kontakt zur Familie barg für die Anstalt immer die Möglichkeit, dass die Angehörigen Verdacht schöpften, sich permanent nach dem Befinden ihres Familienmitglieds erkundigten und gar darauf drängten, dass man es wieder nach Hause holte. Ob aber ein Bruder, eine Schwester sich auf den Weg nach Andernach hätte machen können? Es wird da ganz praktische Hindernisse gegeben haben. Und wie dachte man in der Großfamilie, in den Dörfern ringsum? Manche Männer waren Parteimitglieder geworden und benahmen sich in Uniform auf einmal ungewohnt herrisch, mehr und mehr Mädchen machten beim BDM mit, die älteren im Werk »Glaube und Schönheit«. Dass eine von ihnen als »lebensunwertes Leben« galt, das ausgelöscht werden sollte, wird in Lautzert niemand befürchtet haben – Leichers Pauline war doch in Andernach in einer Heil- und Pflegeanstalt und wurde dort therapiert, oder nicht?

Heil Hitler! Sieg Heil! schallte es auch in der Heilanstalt. Die irren Weiber; als sie hörten, wie der Chef der Männerabteilung hieß, nämlich Kreisch, da kreischten sie, johlten roh. Also wirklich. Nein, das ist nicht erfunden. Oder so: Vielleicht ist das Erdichten des Vergangenen doch das Richtigere. Wie ich mich auch dagegen wehre, ich falle ihm doch immer wieder anheim. Ob Pauline darob lächelt, droben, sich über mich amüsiert, den Zweitverwerter, unter den Engeln?

In Andernach benötigte man jetzt Platz. Andernach war neben Galkhausen (der heutigen Klinik Langenfeld) zur zweiten Zwischenanstalt in der Rheinprovinz erklärt worden, nah genug gelegen zum Tötungsort Hadamar. Davon war Direktor Recktenwald in einer Dienstbesprechung im Februar 1941 in der Führerkanzlei in Kenntnis gesetzt worden. In den Zwischenanstalten wurden die selektierten Patienten aus den einzelnen Anstalten vorübergehend, also vor ihrer Ermordung, für einige Wochen untergebracht, um ihren Weg in den Tod zu verschleiern und nach und nach den Bustransport zum Gaskammerkeller zu organisieren. Nur so viele Opfer waren jeweils nach Hadamar auszuliefern, als unmittelbar nach der Ankunft, also noch am selben Tag, *vergast* werden konnten – wenigstens kursiv die Andeutung, dass dieses schonungslose Tätigkeitswort in Hadamar zur Alltäglichkeit wurde, von Januar bis August 1941. Gibt es aber ein richtiges Wort für den falschen Tod? Unsere Rettung ist der Tod, aber nicht dieser, sagt Kafka.

Dann aber schon bald auch im Westerwald die bösesten Gerüchte. Und je nach Windrichtung widerlichste Gerüche – jedenfalls spricht zum Beispiel auch Pfarrer Emil Menz in seinen Erinnerungen davon. Ein anderer erzählte mir, als ich ihn vor seiner Gartenhütte in Oberirsen beim Sägen antraf, es habe ihm wer aus Bad Marienberg erzählt, dass man damals den Verbrennungsgeruch bis Bad Marienberg wahrgenommen habe, ich schaute ihn ungläubig an, doch, doch, beteuerte er, Luftlinie seien das keine 30 Kilometer, das Wort Luftlinie blieb jetzt in der Oberirsener Luft hängen, so kam es mir vor, Oberirrsinn, dachte ich verzweifelt, selbst jetzt das Kalauern nicht unterdrücken könnend, vom Mönchberg in Hadamar soll die graue Todeswolke über die Höhen des Westerwalds bis Bad Marienberg und weiter in den Landkreis Altenkirchen gezogen sein. Und so setzten so gut wie alle, jeder auf seine Weise, das tägliche Leben fort, mit und ohne Nachdenken; alles schien seinen gewöhnlichen Gang zu gehen, obwohl sich in unmittelbarer Nähe das Ungeheuerlichste ereignete.

Zunächst bedeutete also der neue Status »Zwischenanstalt« für Andernach (und gleichermaßen für die Heime Scheuern nahe Nassau) für hunderte bisherige Anstaltsinsassen, die sogenannten Ursprungskranken, den baldigen Tod. Wesse wusste Bescheid, sagte ich. Und dann wohl auch bald, und nicht erst Monate später, Recktenwald und seine beiden leitenden Ärzte Paul Gies und Ewald Kreisch, Oberarzt der Frauenabteilung der eine, der der Männerabteilung der andere? Rhetorische Fragen heute, denn *natürlich haben alle was gewusst, der eine dies und der andere das. Einige haben natürlich etwas mehr gewusst, das waren die, die sich bereit erklärt hatten, mitzumachen und die auch insofern mitmachten, als sie halfen, die andern zu Mitmachern zu machen.* Zu Mitwissern, zu Mittätern, zu Übeltätern, wie es in dem Text des Dichters Helmut Heißenbüttel heißt, den er nach dem Krieg geschrieben hat als einer, der jetzt alles wusste und an den ich mich hier anschließe bei meiner Kalkulation über das, was man in A. gewusst hat von dem, was in B. befohlen wurde. Und dann selber in die Tat umgesetzt hat, sehr gehorsam zumeist, mit geringfügigen, von den obersten Tötungsstrategen aber schon eingeplanten Abweichungen.

Die auf dem Dienstweg aus Andernach abgeschickten Meldebögen wurden in Berlin von insgesamt vierzig sogenannten Gutachtern gesichtet, allesamt erfahrene Ärzte, Hochschullehrer, Anstaltsleiter, die nach Aktenlage über Tod oder Leben zu befinden hatten. Jeder einzelne Meldebogen wurde jeweils drei Gutachtern vorgelegt. Ihre Entscheidung trugen sie in einem schwarz umrandeten Feld links unten auf dem Formular ein, mit Rotstift ein Pluszeichen (=Tötung), mit Blaustift ein Minuszeichen (=Zurückstellung / Weiterleben) oder auch ein Fragezeichen. Gab es keine Einstimmigkeit, hatten die Obergutachter Heyde, Nitsche, Linden das letzte Wort darüber, ob die *Gewährung des Gnadentods* zu veranlassen war.

In Grafeneck gab es fast zehntausend Gasmordopfer, in Brandenburg beinahe genauso viel: eine Geheimhaltung war nicht mehr gewährleistet. Da das Plansoll ohnehin erfüllt war, wurde dort die T4-Aktion beendet bzw. nach Bernburg und Hadamar verlegt, zum Teil mit demselben Personal.

Auch hatte es Widerstand aus der Bevölkerung gegeben. Das andauernde Schweigen der Kirchen wurde nur in Ausnahmefällen durchbrochen, so von dem Württemberger Bischof Theophil Wurm oder von Paul Gerhard Braune, Pfarrer und Anstaltsleiter in Brandenburg, die Protestschreiben gegen die Krankenmorde nach Berlin schickten.

Von einem anderen beredten Schweigen, das mir aufgefallen ist, habe ich bei Ernst Klee gelesen, da nämlich, wo er aus den Dokumenten einer Konferenz im April 1941 mit Oberlandesgerichtspräsidenten und Generalstaatsanwälten zitiert. Bei dieser prominenten Versammlung der reichsdeutschen Judikative sollte die Irritation innerhalb der Rechtsprechung darüber, dass es für die Euthanasie-Tötungen keine Rechtsgrundlage gebe, ausgeräumt werden, das Gesetz, so der Oberdienstleiter Brack, sei vorbereitet und werde nach dem Krieg verabschiedet. Um Vernichtung lebensunwerten Lebens handele es sich nicht, sondern um die Durchführung eines Erlösungsaktes für Schwerleidende und ihre Angehörigen. Sodann schilderte der Obergutachter Heyde Einzelheiten der Tötungsaktion. Die Tagungsteilnehmer, heißt es dann, hörten sich diese Ausführungen schweigend an.

Ich stelle mir vor, absurd genug, diesen 89 hochrangigen Konferenzteilnehmern nebst dem T4-Führungspersonal wäre ein solcher Todeskandidat unmittelbar vor Augen gekommen, wie diskret auch immer veranstaltet, geben wir der betreffenden Person einen uns vertrauten Namen, nennen wir sie Pauline Leicher, Alter: 37. Nein, halt, ich male dieses unrealistische Bild nicht weiter aus, ich mag weder die Unschuldige noch die Schuldbeladenen solcherart vorführen. Letztere glaubten sich nach der Tagung offiziell im Recht, alle den Krankenmord betreffenden Verfahren niederzuschlagen.

Ein heilloses Kapitel, dieses Stillschweigen der deutschen Juristen damals. Kann man ihnen pauschal Beihilfe zum vieltausendfachen Mord vorwerfen? Hätten sie sich gefahrlos verweigern können, hätten sie laut widersprechen müssen? Der bedeutende spätere Generalstaatsanwalt Fritz Bauer war jedenfalls dieser Ansicht. Mit welcher er aber bei der Nachverfolgung Anfang der sechziger Jahre nicht durchgedrungen ist …

Auch der Andernacher Anstaltsleiter Johann Recktenwald stand nach dem Krieg vor Gericht. Kann man heute sagen, er gehöre zu den Hauptverantwortlichen, die Pauline auf dem Gewissen haben? Er hat ihre Zwangssterilisation mitzuverantworten, er hat ihre *Verlegung* nach Hadamar befürwortet, oder im Sinne einer Verteidigung, nicht merklich verhindert, denn oder obwohl, wie er tatsächlich 1948 vor dem Landgericht Koblenz zu Protokoll gab: »… wir waren samt und sonders gegen die Durchführung der Euthanasie-Aktion.« Die schreckliche Bilanz dieser vermeintlich ablehnenden, passiven Position: Zwischen dem 23. April und dem 7. Juni 1941 gab es sechs Bustransporte nach Hadamar mit 469 »Stammpatienten«, davon 224 Männer und 245 Frauen, anschließend vom 18. Juni bis 15. August 1941 kamen 448 Personen in sechs weiteren Transporten aus anderen rheinischen Anstalten zu einem Zwischenaufenthalt nach Andernach, bevor auch sie ins Gas getrieben wurden.

Pauline Leicher gehörte zum dritten Transport. Am 6. Mai 1941.

Über das, was in Hadamar geschah, kamen in Andernach in diesen Zwischenzeiten natürlich immer mehr Gerüchte auf, ja, wenn es Streit unter den Insassen ab, wurde, so ist es bezeugt, gar die Drohung ausgerufen: Auch du wirst noch verbrannt.

Die Transporte wurden von der Gekrat durchgeführt, einer sogenannten »Gemeinnützigen Krankentransport GmbH«, die alte ausgemusterte Mercedes-Postbusse einsetzte. Ein allererster Einsatz der Gekrat in Andernach, noch vor der offiziellen Funktion als Zwischenanstalt, war der sogenannte *Juden-Transport* am 11. Februar 1941. 46 jüdische Menschen aus unterschiedlichen Anstalten wurden mit zwölf Patienten der Anstalt Andernach nach Hadamar gebracht.

Woher nahm Recktenwald die Dreistigkeit, seine Schuld derart zu minimieren? Ja, sich sogar zum Widerständler zu stilisieren? Recktenwald: naturgemäß einer von denen, die mitgemacht haben wollen, um das Schlimmste abzuwenden. Von Haus aus war er ja tatsächlich kein Bösewicht, sondern verstand sich als reformerischer Psychiater, wie viele der später dann mörderischen T4-Ärzte. Auch er wusste früher, als er zugab, welche Funktion die Meldebögen in Wirklichkeit hatten. Zu seiner Entlastung führte er an, er habe manch einen Meldebogen abgeändert und Rückstellungen vorgenommen. Tatsächlich hatten die Anstaltsleiter wie Braune oder auch seine Kollegen Bodelschwingh in Bethel oder Todt in Scheuern einen gewissen Spielraum – den die teuflischen Berliner T4-Organisatoren aber bereits eingeplant

Johann Recktenwald

hatten – und konnten in Einzelfällen die Deportation ihrer Patienten verhindern. Als diese Spielräume den Planern zu groß erschienen, kam unter Leitung von Paul Nitsche, 1941 noch der Stellvertreter Heydes, eine Gutachter-Kommission am 29. März auch nach Andernach, um persönlich innerhalb von fünf Stunden die Stammpatienten zu selektieren und die endgültigen Transportlisten zusammenzustellen, ohne jede Untersuchung der Patienten, *ohne Ansehen der Person*, sondern lediglich anhand der Meldebögen nach Anhörung des Pflegepersonals.

Seinen definitiven Freispruch verdankte Recktenwald auch der Tatsache, dass er immer dann, wenn die Transporte nach Hadamar anstanden, mit Absicht einen auswärtigen Termin hatte, als indirekter Ausdruck seiner Missbilligung, seiner partiellen Gegnerschaft. Schon am Besuchstag der Kommission war er nicht zugegen gewesen, einem Tag also, als auch Pauline auf die Todesliste gesetzt wurde. Er befand sich auf einer Tagung von rheinischen Anstaltsleitern, die sich über Mittel, Vorwände, ja Finten austauschten darüber, wie einzelne Kranke doch noch gerettet werden könnten, z. B. indem sie für transportunfähig erklärt wurden, oder, umgekehrt, man vorgab, sie seien in eine erfolgversprechende Arbeitstherapie eingegliedert.

Mit dem Vorgehen der Nitsche-Kommission in seinem Haus war er daher überhaupt nicht einverstanden; er soll ihn hernach gefragt haben, ob er, Nitsche, denn auch Nietzsche und Hölderlin zur Tötung bestimmt hätte. Ein Grundrest an geistig-moralischer Wachheit bei Recktenwald!? Umso trauriger, gab es ihn denn, dass sich seine Skrupel nur auf wenige, und eben auch nicht auf unsere Pauline, ausgedehnt haben. Nach dem Besuch der Kommission gab es für sie eine theoretische Überlebenschance; ein paar Wochen blieben dem Anstaltsdirektor, einige Todeskandidaten von der Liste zu streichen. Pauline war nicht dabei.

Ein Bild kernfester Rechtschaffenheit, wenn man sich sein Foto anschaut, markante Stirnfalten, tiefe Augenringe, verwirbelte Augenbrauen; bei genauerem Hinsehen wird das ergraute Hitlerbärtchen sichtbar. In einem Strafverfahren 1948 vor dem Landgericht Koblenz wurde Recktenwald wegen Verbrechens gegen die Menschlichkeit zu acht Jahren Zuchthaus verurteilt. Seinem Revisionsantrag wurde stattgegeben. Zwei Jahre später wurde er »wegen erwiesener Unschuld« freigesprochen, vom Oberlandesgericht Koblenz 1951 rechtskräftig bestätigt.

Zu bedenken ist dabei, dass es bei diesem Gesamturteil nicht nur um seine Teilnahme an der T4-Euthanasieaktion ging. Im August 1941 von Hitler ausgesetzt, fand das Tötungsprogramm auf perfide Weise seine Fortsetzung, wenn auch die Mordtransporte nach Hadamar aufgehört hatten. In der Folgephase »wilder Euthanasie« fand die Ermordung von Geisteskranken in Anstalten wie Hadamar nun schleichender statt und anders getarnt, nämlich systematisch etwa durch Nahrungsentzug oder überdosierte Arzneimittel. In Andernach selbst wurden für Hunderte Patienten Eisenbahntransporte in den Osten organisiert, unter dem Vorwand, dort sei es sicherer und die Versorgung besser. In Wirklichkeit kamen sie in den dortigen Anstalten fast alle zu Tode.

Recktenwald, der Freigesprochene, starb 1964. Er wurde 81 Jahre alt. Ein schöner Gedenkstein schmückt sein Grab auf dem Poppelsdorfer Friedhof in Bonn. Ein Jahr zuvor hatte er noch ein Buch veröffentlicht, das in den Medien auf große Beachtung gestoßen war. Es trägt den Titel: *Woran hat Adolf Hitler gelitten? Eine neuropsychiatrische Deutung*. Seine Kernthese: Der elfjährige Adolf habe sich an einer Enzephalitis seines daran verstorbenen jüngeren Bruders Edmund angesteckt. Bei dem Erwachsenen hätte diese Hirnentzündung später im Rahmen einer Parkinsonerkrankung zu einem

Psychosyndrom geführt. Doch am Ende räumt er vorsichtshalber selber ein, er sei ein nur sehr begrenzt zuständiger Sachverständiger; mit einem Hirnleiden allein lasse sich »das geschichtlich unheimliche, im Ganzen zerstörerische Werk Adolf Hitlers« nicht erklären.

Freigesprochen vom Landgericht Koblenz wurden u. a. auch Recktenwalds Stellvertreter Ewald Kreisch und die stellvertretende Leiterin der Frauenabteilung Elisabeth Kalt. Paul Gies war im Januar 1945 gestorben. Als einziger Anstaltsarzt wurde Hermann Wesse zu lebenslanger Haft verurteilt. Freispruch auch für Karl Todt, den Leiter der evangelischen Zwischenanstalt Scheuern.

Vorgriffe. Fehlgriffe. Fehlurteile. Vorurteile.

Ich rief in Hadamar an, wollte wissen, wie ich an die Namen der 89 Frauen gelangen konnte, die mit Pauline am 6. Mai ermordet wurden. Am Telefon meldete sich eine so schnell sprechende Stimme, dass ich erst gar nicht Hadamar verstand, sondern Sparda. Das war die Stimme des Lebens, wie unangemessen, wollte ich schon denken, eine solche Stimme ist bei jedem Beratungs- und Verkaufsvorgang geeignet – aber dann: welch schöner, jugendlicher, Zukunft verheißende Klang. Dieses »Mädchen« am Telefon, sage ich jetzt als Alter, wie damals die Haza-Radlitz über Pauline, belehrte mich gar, als ich als respektable Quellen die Namen Ernst Klee und Götz Aly nannte: nein, der Aly sei doch sehr polemisch und habe unrecht mit seinem Vorwurf an die damaligen Angehörigen, sie hätten, wenn sie alles unternommen hätten, was ihnen möglich gewesen wäre, ihr Familienmitglied aus der Zwischenanstalt herausbekommen und retten können.

Bevor es hier weitergeht, warte ich auf weitere Einflüsterungen Paulines. Pauline, so rede doch! In meinen schlaflosen Nächten kommt es mir so vor, als begegneten wir uns und tauschten uns aus, sie versteht mich dann besser als ich mich selbst, sie ist mir tausend Jahre voraus, sie will die Hölle erlebt haben, sagt dir das Wort Hölle etwas, fragt sie mich. Aber ach, es wird immer deutlicher: mein Versuch einer Annäherung muss scheitern, in Wahrheit entferne ich mich mehr und mehr von der wirklichen Pauline, mir bleibt, und der Leser hat das früher gemerkt als ich selbst, nur mehr die imaginierte, papierne Pauline, die aber unbedingt! ihre eigene Daseinsberechtigung hat, die sich unbedingt, wiederhole ich, als allernächste Angehörige versteht und der wahren Pauline das Recht auf das Vergessenwerden streitig macht, just jetzt, da es im Aufschreiben sehr bald um sie geschehen sein wird.

Mit dem Bus nach Hadamar

Andernach, 6. Mai 1941. Hektisches Treiben auf dem Gelände der Heil- und Pflegeanstalt. Neunzig Frauen sollen in Bussen nach Hadamar geschafft werden, um nicht das verlogene T4-Tarnwort *verlegt* zu gebrauchen. Dies geschieht in aller Frühe, um nicht zu sagen: in aller Herrgottsfrühe, denn Gott, nach der Bemerkung eines jüdischen Denkers aus jener Zeit, war im Jahre 1941 abwesend, war nicht verfügbar, hielt sich aus dem Ganzen ganz einfach heraus; wieder einmal, ergänze ich. Und wechsle in die Vergangenheitsform. Eine auch nur grammatische Vergegenwärtigung will mir an diesem Tag nicht gelingen.

Aus der Frauenabteilung waren bereits zwei Wochen zuvor sechzig Stammpatientinnen abgeholt, mit unbekanntem Ziel entfernt worden, doch Pauline wird geahnt, wenn nicht gewusst haben, wohin letztlich die Reise ging. Gerüchte über die Ermordung von Menschen ihresgleichen waren auch an ihr Ohr gedrungen.

Drei Busse standen bereit. Die Gekrat-Busse, mit dem großen Mercedesstern am Kühlergitter, ursprünglich rot lackiert, hatten bald nach Kriegsbeginn zur Tarnung bei Luftangriffen einen grauen Anstrich bekommen. Todgeweihte, die ihr Schicksal irgendwie ahnten und sich zur Wehr setzten, wurden beim Abtransport mit Beruhigungsspritzen gefügig gemacht und in den Bus bugsiert, von begleitenden Pflegekräften aus Hadamar unterstützt.

Pauline: ich kann sie mir nicht vorstellen als stumpf, dumpf dösend, apathisch. Ja, in der Anstalt verhielt sie sich zuzeiten trübsinnig verzagt, dann aber wieder durchaus vorlaut und aufgebracht, und so hat sie sich möglicherweise auch gegen das Einsteigen in den Omnibus gewehrt, wenn nicht auch sie medikamentös ruhiggestellt war. Aber ihre Gemütsverfassung wurde naturgemäß beeinflusst von der Gesamtstimmung im Bus, von den Gefühlen auch der anderen, sie alle waren schon deswegen bedrückt, weil man sie aus der vertrauten Umgebung herausgerissen hatte. Eine diffuse, gespenstische Lähmung lastete auf ihnen, selbst die Lebhaftesten verstummten nach und nach oder beschränkten sich auf unartikuliertes Klagen und Murmeln, darunter vielleicht ein O Gott!, ein Maria, hilf!

Was mag in Pauline auf der 60 Kilometer langen Strecke im grauen Bus vorgegangen sein, wenn sie – die seitlichen Busscheiben waren verhängt – durchs Fahrerfenster vorn einen Blick erhaschte auf die blühenden Hecken und grünen Kornfelder, auf Wiesen und Weiher, und ihr, mehr erahnt als gesehen, alles, was da aufspross in den Bauerngärten, in den Vorgärten, als Blumen des Bösen, als Todesboten erschien? Fantasiere ich? Doch es ist Pauline selbst, die nicht länger den Blick nach vorne richtet, wo der Mercedesstern den Weg weist, sondern, in sich versunken, sich ein letztes Mal ein Leben mit ihrem ungeborenen Kind herbeifantasiert, ihrem verhinderten Kind, das so klug wäre und völlig normal. Oder auch so wäre wie seine Mutter, wie seine Mutter als Kind gewesen ist, geborgen, versorgt in einer Familie mit Spielen im Freien, mit Tränen, die bald wieder trockneten. Und sie dachte, denke ich mir, an das kleine Kind von Gustav und Elise, das Baby Margot, das jüngst, am 16. Februar, in Lautzert gestorben war. Ihre Nichte, ihre Nichte nunmehr im Kindergrab.

Ja, es liegt mir daran, über einige wenige Sätze hin so zu tun, als wüsste ich nicht, wo die Fahrt zu Ende geht, und diese »gemeinnützige« Busfahrt ins Grauen, obwohl sie selber schon eine Vorhöllentour darstellt, hinauszuzögern, die Ankunft in Hadamar für ein Weilchen aufzuschieben. Mein Widerwille, Pauline und ihre Todesgefährtinnen allzu schnell abzuliefern:

Maria Bechtel · Elisabeth Beringer · Lina Bernard
Katharina Berres · Hermine Berrisch · Anna Bertram
Elisabeth Beth · Irma Bier · Anna Bier · Ivonne Bolte
Luzia Bolz · Anna Maria Borns · Helene Brandenburg
Charlotte Braun · Anna Breuer · Helene Bronsert
Erna Bückel · Katharina Clasen · Margarete Clemens
Anna Diehl · Christine Dienst · Mathilde Dietrich
Maria Johanna Dietrich · Margareta Dimmer · Maria Fink
Käthe Fischer · Maria Dorothea Gibson · Katharina Gink
Barbara Glade · Magdalena Görgen · Anna Maria Görgen
Margareta Heidel · Elisabeth Heinzen · Sofia Hennes
Therese Hermann · Katharina Heyen · Anna Heyer
Sophia Marga Hilger · Maria Hilger · Maria Hilgers
Hedwig Höfer · Helene Hoffmann · Therese Hoffmann
Maria Högner · Johanna Kassel · Margarethe Kaut
Maria Keilen · Maria Kickertz · Katharina Klein
Maria Magdalena Klein · Helene Kleinz
Philippina Kleinz · Maria Knauber · Christine Knau
Louise Knell · Mathilde Knopp · Pauline Leicher
Elisabetha Lindemann · Paula Lindern · Helene Linnig
Anna Maria Manns · Elisabetha Marx · Hedwig Mauri
Anna Melchior · Maria Merg · Cäcilie Metzger
Margarete Neuers · Anna Nonnenmacher · Helene Pesch
Margarete Peters · Rosa Rizen · Maria Röder
Hedwig Romann · Hildegard Rotfuchs
Maria Roth (Pfalzel) · Maria Roth
Katharina Röttgen · Maria Elisabeth Schlaf
Maria Schleich · Auguste Schlenger · Frieda Schmidt
Maria Margarete Schmitt · Katharina Schmitt
Luise Schmitt · Margarethe Schmitt
Agnes Anita Schmitz · Timothea Schmitz
Katharina Spanier · Elise Stein · Maria Katharina Supp

Von Andernach führte die Fahrt in Koblenz über die Pfaffendorfer Brücke auf die andere Rheinseite. An Montabaur vorbei erreichte der graue Bus schließlich hinter Hundsangen den Zielort, Hadamar.

Graue Busse 1941

Auf dem Innenhof der Anstalt am Mönchberg hatte man zur Abschirmung vor den Anwohnern eine große hölzerne Garage errichtet. Über das Allerschwerste, das es von Hadamar zu berichten gibt, heißt es heute vor Ort auf einer Texttafel in sogenannter leichter Sprache:

> Die Busse fuhren in die Garage. Dort mussten die Menschen aussteigen. Sie wurden in das Haus geführt. Dann wurden sie in den Keller gebracht. Dort wurden sie mit Gas getötet. Dort wurden die Leichen in zwei Öfen verbrannt. Insgesamt waren es 10.000 Kinder, Frauen und Männer. Von '42 bis '45 ermordete das Personal noch einmal ungefähr 5000 Opfer mit Medikamenten.

Opfer der NS-Euthanasie – Plakat Ausstellung Hadamar

Auch an diesem Dienstag wurde den Todeskandidatinnen aufs hinterhältigste das Schauspiel eines normalen Anstaltsgeschehens vorgespielt, so dass bei ihnen vielleicht doch so etwas wie Hoffnung aufflackerte. Vom Grauen Bus ging es auf direktem Weg durch einen geschlossenen Holzkorridor ins Haupthaus, in einen großen Aufnahmesaal mit frisch gemachten Betten, wo die Frauen auf eine ärztliche Untersuchung warteten. Eine der Todesschwestern, die bei der Abholung und dann bei der Entkleidung zugegen waren, trug denselben Vornamen wie unsere Pauline, wie ich jetzt gewiss sagen darf. Wie trügerisch also, vom Namen allein auf Gutes, auf Böses zu schließen. Überhaupt gibt es ja eine rätselhafte Nähe von Opfer und Täter. Diese Pauline Kneissler sollte noch lange über die T4-Aktion hinaus andernorts ihre mörderische Tätigkeit fortsetzen, gefürchtet als »Todesengel«.

Den Patientinnen aus Andernach wurde, bevor sie ins Arztzimmer kamen, ein alter Militärmantel übergehängt. Der Arzt warf einen Blick in die mitgeführte Krankenakte, um hernach eine glaubwürdig wirkende Todesursache – auf einer offiziellen Liste standen ihm 61 zur Auswahl – angeben zu können, damit nicht etwa die Angehörigen später misstrauisch würden, und markierte die Patientinnen, die später seziert werden sollten. Sie wurden gewogen, gemessen und photographiert und in einen weiteren Sammelraum gebracht, sodann unter dem Vorwand, es ginge zum Duschen, gruppenweise in den Keller geführt. Die gekachelte, nur etwa 12 qm große Gaskammer mit Duschkopf-Attrappen an der Decke sah einem Duschraum tatsächlich täuschend ähnlich. Nach dem hermetischen Verriegeln der Türe öffnete der leitende Vergasungsarzt Ernst Baumhard, Tarnname Dr. Moos, oder auch sein Stellvertreter Günther Hennecke (Dr. Fleck) in einem Nebenraum den Gashahn, und tödliches Kohlenmonoxid strömte aus großen Gasflaschen durch Rohrleitungen in die Gaskammer. In panisch um sich greifendem Entsetzen taumelten die Nackten in Todesangst gegeneinander, sanken nach und nach ohnmächtig zu Boden. Nach zehn bis fünfzehn qualvollen Minuten erstickten sie alle, erstickten die neunzig Tagesopfer, erstickte Pauline. Durch ein kleines Fenster beobachteten die Ärzte, und nicht selten voyeuristisch auch andere, das Sterben der Menschen. Wenn sich nichts mehr regte, stellten sie die Gaszufuhr ab.

Eine Stunde später hatten Ventilatoren für Frischluft gesorgt. Zwei Männer, die sogenannten Brenner, zogen die Leichen über eine Schleifbahn mit speziellem Estrich zu den beiden Verbrennungsöfen.

Herausbrechen des Zahngolds. Entnahme von Gehirnen auf dem Seziertisch. Knochenmehl.

Mit der Einäscherung war die von Hitler angeordnete Aktion »Gnadentod« abgeschlossen. Schwarzer Rauch stieg in die Maienluft. Aber ich möchte diesen Satz gleich wieder, da sich das Grundböse in schönen Worten aufzulösen droht, zurücknehmen. Paulines Grab in den Wolken, da liegt man nicht eng, sagt der bedeutende Dichter, auch er sagt's zu schön.

Begnadigt zum Tode. Wo warst du, Gott? Ach, stell nicht so große Fragen, sagt meine Pauline, und fragt mich dann selbst: Und wo warst du? Eine verdammt berechtigte Frage, am Ende.

Am anderen Morgen die Leerfahrten der Grauen Busse, wieder nach Andernach, die Totenstille im Innenraum.

Die Hinterbliebenen erhielten einen standardisierten, aus Textbausteinen zusammengesetzten sogenannten Trostbrief. Eine ganze Abteilung mit festangestellten Trostbriefschreiberinnen – gut bezahlt, wie im übrigen sämtliche Mitarbeiter der T4-Aktion – war in Hadamar mit dieser Korrespon-

Tötungsanstalt Hadamar mit rauchendem Schornstein 1941

denz und der Ausfertigung der gefälschten Totenscheine beschäftigt.

Die Asche der Ermordeten (grammatisch zutreffend im Plural wie auch im Einzelfall der Pauline Leicher) wurde meist irgendwo in der Gegend verstreut. Oder sie wurde, als unscheinbarste Substanz überhaupt, noch einmal zum Objekt teuflischer Täuschung, indem man den Angehörigen auf Wunsch eine Urne zustellte, gefüllt mit beliebiger Asche aus einem der beiden Krematorien. Die Differenz zwischen dem offiziell angegebenen Todestag und wirklichem Sterbedatum (im Falle Paulines 22 Tage) nutzte die Anstaltsleitung, um von den Kostenträgern zusätzliche Pflegegelder zu kassieren.

Der Trostbrief des Sonderstandesamts Hadamar-Mönchberg an die Familie Leicher ist nicht überliefert. Gemäß vorgegebenen Abwicklungsformeln könnte er folgenden Wortlaut gehabt haben:

Landes-Heil- und Pflegeanstalt
Hadamar

H a d a m a r b. Limburg/Lahn,
den 29. Mai 1941

Familie
Gustav Leicher
Bismarckstraße 2
Lautzert/Ww.

Sehr geehrter Herr Leicher!

Es tut uns aufrichtig leid, Ihnen mitteilen zu müssen, dass Ihre Schwester Pauline, die am 6. Mai 1941 im Rahmen von Maßnahmen des Reichsverteidigungskommissars in die hiesige Anstalt verlegt werden musste, hier am 28. Mai 1941 unerwartet, trotz aller ärztlichen Bemühungen, an Pneumonie mit hinzugetretener Kreislaufschwäche verstorben ist. Sie ist sanft und schmerzlos entschlafen. Bei der geistigen, unheilbaren Erkrankung Ihrer Schwester müssen Sie ihren Tod als eine Erlösung auffassen.

Da in der hiesigen Anstalt zur Zeit Seuchengefahr besteht, hat die Polizeibehörde gemäß § 22 der Verordnung zur Bekämpfung übertragbarer Krankheiten die sofortige Einäscherung des Leichnams verfügt.

Wenn Sie den Wunsch haben, die Urne mit den sterblichen Überresten der Heimgegangenen auf Ihrem Heimatfriedhof beisetzen zu lassen, so wollen Sie bitte eine Bescheinigung über den Erwerb beziehungsweise den Besitz einer Begräbnisstätte innerhalb von 14 Tagen hierher reichen. Die Übersendung der Urne an den betr. Friedhof erfolgt dann kostenlos. Sollten wir keine Mitteilung von Ihnen erhalten haben, werden wir die Urne gebührenfrei anderweitig beisetzen.

Die Kleidungsstücke der Verstorbenen, die keinen besonderen Wert darstellten und bei der Desinfektion stark gelitten haben, werden wir mit Ihrem Einverständnis dem NSV zuführen.

Zwei Sterbeurkunden, die Sie bitte für eine etwaige Vorlegung bei Behörden sorgfältig aufbewahren wollen, fügen wir bei.

Heil Hitler !

gez. Dr. Fleck

Die Nachricht vom plötzlichen Tod Paulines wird die leidgeprüfte Familie gefasst entgegengenommen haben, vielleicht sogar mit einer gewissen Erleichterung. Und sich, nach allem, auch das Schönreden einer »Erlösung vom Leiden« zu eigen gemacht haben. Im Leicher-Haus in Lautzert herrschte noch immer der Kummer über den Tod der kleinen Margot. Die jetzt vierjährige Marliese, das andere Töchterchen, konnte sich noch ganz gut an die *komische* Tante erinnern. Sie fragte manchmal nach ihr, sie hatten sich gut verstanden und schön zusammen gespielt. Mutter Elise sagte ihr vorerst nichts von dem Brief aus Hadamar. Und Gustav sollte auch nichts davon erfahren, er war weit weg, war an der Ostfront im Einsatz. Sie besprach sich aber mit der frischverheirateten Schwägerin Anna; sie waren sich einig, nichts weiter zu unternehmen und auf eine Urnenbestattung in Lautzert zu verzichten.

Im Dorf sprach es sich freilich rasch herum, dass Pauline in Hadamar an einer »Lungenentzündung« gestorben sei, und man wusste sehr genau Bescheid, was damit gemeint war.

Erst recht wusste man in Hadamar und unmittelbarer Umgebung Bescheid, weithin sichtbar war die Rauchsäule über der *Heilstätte,* aber es wurde geschwiegen und weggesehen, nur die Kinder konnten den Mund nicht immer halten, und endlich auch der Bischof von Limburg nicht, Antonius Hilfrich, der am 13. August 1941 einen Protestbrief an den Reichsjustizminister schreibt. Beim Erscheinen eines Gekrat-Busses, schreibt er, heiße es unter den Schulkindern: »Da kommt wieder die Mordkiste.«

Auch der Bischof von Münster, Clemens August Graf von Galen, prangerte das NS-Regime an und hielt mutige Predigten gegen die Vernichtung sogenannten »unwerten Lebens«. Jede mit Überlegung ausgeführte vorsätzliche Tötung sei Mord, sagte er am 3. August 1941 in der Kirche St. Lamberti. Da nach dem Strafgesetzbuch schon strafbar sei, wer von einem bevorstehenden Verbrechen wider das Leben wisse und es nicht der Behörde anzeige, habe er bei der Staatsanwaltschaft Münster und dem Polizeipräsidenten Strafanzeige gestellt. Wenn man unproduktive Mitmenschen töten dürfe, dann sei keiner seines Lebens mehr sicher, nicht nur Geisteskranke, auch andere Kranke, Altersschwache sowie Arbeits- und Kriegsinvalide.

Abschriften dieser aufsehenerregenden Predigt kursierten daraufhin im ganzen Land – die T4-Morde, die bisher in einer Grauzone von Tarnung und Täuschung, von Verdrängung und Selbsttäuschung stattfanden, wurden praktisch über Nacht beendet, Hitler selbst ordnete am 23. August den abrupten Stopp an. Natürlich nicht, weil ihm ein Bischof ins Gewissen geredete hätte, ein Gewaltherrscher kennt überhaupt keine moralischen Skrupel, nein, die Kriegslage im Inneren wie auch außerhalb war angespannt, die Royal Air Force bombardierte die deutschen Städte, auch die Bischofsstadt Münster, was von Galen als Strafe Gottes deutete, und der Angriffskrieg gegen die Sowjetunion geriet ins Stocken. Da tat etwas Beruhigung in der Bevölkerung not.

Kurz vor dem Ende der Aktion gab es in Hadamar ein groteskes, ein schauerliches »Jubiläumsfest« aus Anlass des zehntausendsten Vergasungstoten. Vor der aufgebahrten, blumengeschmückten Leiche eines Mannes mit Wasserkopf versammelten sich auf Geheiß des neuen Direktors, dem ich – hier einmal – die Ehre der Namensnennung verweigere, die hundert Mitarbeiter der Anstalt im Keller, der als Priester kostümierte Verwaltungsleiter hielt eine Juxrede, der Tote wurde in den Ofen geschoben, und bei Musik und Bier wurde ausgiebig gefeiert. Doch welche Musik ließ die am Massenmord Beteiligten jubilieren? Welche Musik konnte das Gewahrsein ihres satanischen

Tuns übertönen, erleichtern, verdrängen – oder gar überhöhen?

Insgesamt sind im Rahmen der »Aktion T4« in Deutschland 70.000 wehrlose Menschen mit geistigen oder körperlichen Behinderungen ermordet worden.

Die Gaskammern und Verbrennungsöfen wurden abgebaut und zum Teil in besetzte Gebiete im Osten geschafft, wo jetzt, mit der T4-Erfahrung und dem freigewordenen Personal, in Vernichtungslagern wie Auschwitz der systematische Judenmord einsetzte. Doch daheim im Reich war das Euthanasie-Programm keineswegs beendet. Nach wenigen Monaten scheinbar normalen Anstaltsbetriebs kam es wieder zu massenhaften Tötungen, in dezentraler Eigenständigkeit, also nicht mehr unter Berliner Kontrolle, subtiler inszeniert jetzt mit überdosierten Medikamenten wie Veronal oder Morphium, mit Giftspritzen, durch Unterernährung oder Vernachlässigung. Diese zweite Phase der sogenannten wilden Euthanasie kostete in Hadamar weiteren 4.500 – 5.000 körperlich und seelisch Kranken das Leben. Bis Kriegsende fielen im gesamten Reich und den besetzten Gebieten etwa 300.000 Menschen den Euthanasiemorden zum Opfer, darunter auch an schwerer Tuberkulose erkrankte Zwangsarbeiterinnen und Zwangsarbeiter sowie jüdische Mischlingskinder.

Ach, unauffindbar in solchen Geschichtsbuch- oder Wikipedia-Zahlen der einzelne konkrete Mensch! Wie schnell sich meine, unsere Pauline ins herzlos Summarische verflüchtigt. Ändert wenigstens das poetische Sprechen etwas daran? *Blind aber verstreut schändliches Vergessen seinen Mohn,* lese ich bei Thomas Browne, angeregt von einem anderen Meister des Totengedenkens.

Bedenkenswert allemal der Schlusssatz des Historikers Götz Aly in seinem Buch *Die Belasteten*:

»Wer die Aktion T4 allein als Verbrechen ›der Nationalsozialisten‹ oder ›der Täter‹ begreift, verschließt die Ohren vor den Botschaften der Ermordeten. Die Opfer der Euthanasie galten vielen als Last. Sie starben gewaltsam und von aller Welt verlassen.«

Es ist keine Schönheit und kein Trost mehr
außer in dem Blick, der aufs Grauen geht, ihm standhält
und im ungeminderten Bewusstsein der Negativität
die Möglichkeit des Besseren festhält:

Theodor W. Adorno

Vor Ort

Obgleich mir so vieles aus den Publikationen, die in der Nachfolge des bedeutenden Journalisten Ernst Klee erschienen sind, bekannt war, bin ich nicht vorbereitet gewesen auf die totale *Trostlosigkeit*, die einen bei einem Gedenkbesuch in Hadamar sogleich erfasst, denn es ist eine Sache, die zahllosen Schriften über die NS-Zeit und die Verbrechen an Behinderten zu lesen, und eine andere, an einem sonnigen Junitag sich selber auf den Weg zu machen.

Wer sich vorab übers Internet kundig machen will, sieht – und versteht das sehr gut –, dass sich die Stadt Hadamar in einer Beifügung im Eingangsportal *Stadt zum Leben* nennt. Nach dem dritten Klick ist unter *Kultur und Tourismus* und sodann unter *Hadamar und seine Facetten* fettgedruckt der Satz zu finden: *In Hadamar ist Historie lebendig,* und endlich unter zahlreichen Auswahlbuttons als letzte *Sehenswürdigkeit* die Gedenkstätte. Oben auf der Seite ein Opferbild: es zeigt ein Kind vor fünf Gedächtnissteinen, es folgt in wenigen Sätzen ein informativer Klartext, darunter lassen sich beinahe malerische Fotos der Busgarage und ein friedliches Friedhofsbild betrachten.

Man könnte fast Mitleid haben mit den Leuten hier, so sehr ist der Name des Ortes belastet mit seiner unseligen Vergangenheit, doch der mehrfach wiedergewählte Bürgermeister Michael Ruoff, Enkel eines der an den T4-Morden beteiligten Pfleger, weiß: »Verschweigen hilft nicht.« Sein Großvater war einer der Täter, gegen die, wegen ihrer *Verbrechen gegen die Menschlichkeit*, ein alliiertes Gericht die Todesstrafe aussprach; er wurde im März 1946 hingerichtet. Hadamar möge mir verzeihen, aber noch immer höre ich aus der Buchstabenfolge des Namens Hadamar das Zischen des herausströmenden Gases heraus und höre dann diese Stille,

Denkmal der Grauen Busse vor dem Schloss Hadamar (2018)

die Stille der gegeneinandergesunkenen Leiber, die für eine Weile liegenbleiben, bis die Luft rein ist.

Ich bin mehrere Male in Hadamar gewesen: im alten Anstaltsgebäude auf dem Mönchberg, das bis vor kurzem noch als psychiatrisches Wohn- und Pflegeheim genutzt worden ist; 2018 am (mobilen) Beton-Denkmal der Grauen Busse vor dem Schloss; dort aber auch im Stadtmuseum zur Besichtigung des außerordentlichen, sich über viele Meter erstreckenden Werks »Per Aspera Ad astra« des Malers Karl Wilhelm Diefenbach – und dann, eingeladen von der offiziellen Website »zum beschaulichen Verweilen« im Rosengarten auf dem Herzenberg. Auf diesen Rosengarten hatte mich das Buch *Ahnen* von Anne Weber aufmerksam gemacht. Ich las darin im Café BelVie in der Borngasse in der Ortsmitte, Pauline immer im Hinterkopf und die Frage: Sind die Leute hier wirklich näher dran oder gar, im Gegenteil, eher weiter weg? Auch Anne Weber schreibt in ihrem poetischen Zeitreisetagebuch von einem Cafébesuch in Hadamar, wo sie mit einer Frau ins Gespräch kommt, die hier als Bedienung arbeitet und in Hadamar seit Jahrzehnten wohnt, es aber noch kein einziges Mal auf den Mönchberg zur Gedenkstätte geschafft habe, und den Weg dorthin wüsste sie auch nicht, nicht einmal im Rosengarten sei sie gewesen, sagt die Bedienung, so viele Besucher kämen eigens hierfür nach Hadamar, lasse ich sie hier hinzufügen, und erzählten begeistert von den Blumen und Beeten und einem versunkenen Brunnen, wie er genannt werde, wo die weißen Blüten noch spät in den Abend hinein wunderbar leuchteten.

Kurz vor meinem eigenen Besuch hatte hier ein Limburger Ensemble zum jährlichen Rosenblütenfest unter freiem Himmel ein Konzert gegeben und dabei auch, so war es in einem Aushang des Vereins der Rosenfreunde Hadamar zu lesen, das Stück *Beati mortui* von Felix Mendelssohn Bartholdy gespielt, *Wie selig sind die Toten*. Ich dachte daran, dass Felix Mendelssohn Bartholdy nur 38 Jahre alt geworden ist, also kaum älter als Pauline Leicher. Von der Wallfahrtskapelle auf der Wiesenhöhe vor dem Rosengarten wehten lateinische Wortfetzen eines Priesters an mein Ohr, offensichtlich fand hier eine altkatholische Messe statt, ein leichter Weihrauchgeruch mischte sich in die sehr warme Frühsommerluft. Hier auf dem Herzenberg war vom Mönchberg nichts zu sehen. Wir Besucher hatten aber im ganzen eine sehr schöne Aussicht über das Städtchen. Und vor allem unsere ungetrübte Freude an dem Rosengarten mit seinen Rabatten, Bögen, Lauben und dem römischen Schalenbrunnen. Wie betörend es hier duftete! Jetzt vernahmen wir den schleppenden Gesang der Gläubigen, und auch, nach dem schönen Latein, genauso schön auf deutsch die Worte aus dem Rosenkranz: *Gebenedeit bist du unter den Frauen.*

Ich konnte nicht umhin, wieder und wieder die Frage: *Wo war Gott in Hadamar*? zu denken, und ich erinnerte mich, dass ich im Zusammenhang mit meinen Nachforschungen zu Nietzsches Freund Paul Deussen auch in Weimar gewesen war, und also auch in unmittelbarer Nähe von Buchenwald, dort aber die KZ-Gedenkstätte *bewusst* nicht aufgesucht habe. Ja, ich kam neu ins Sinnieren darüber, wie greifbar nah sich das Schöne und das Böse sind, wie unbegreiflich benachbart das Edle und das Barbarische. Manchmal möchte ich dem Herrgott sein eigenes Gebot entgegenschleudern: Du sollst nicht töten! Und glaube dann wieder Gottes Rückfrage zu hören.

An einem anderen Tag über die Hundsanger Straße strack zur Gedenkstätte. Nicht ganz einfach, die Anfahrt zum Haus Nr. 5 zu finden, trotz großer Hinweistafeln zur Vitos Klinik im Ortskern. Vor der Busgarage, die nach dem Krieg versetzt und lange als Scheune genutzt wurde, das Schild Liefer-/verkehr/frei. Frei auch der Zutritt dann ins fensterlos Dunkle, Dämmrige der Garage, in ihre Verschwiegenheit.

Ehemalige Busgarage Gedenkstätte Hadamar

Vor dem Haupteingang des gelbgestrichenen Klinik-Altbaus ein Rauchverbotszeichen in Übergröße. Ich schleiche unschlüssig herum, sehe das in die Kellerschächte hineingewehte Laub, sehe die schäbigen, abgenutzten Außentüren zur Halbparterre, gut so, denke ich, richtig hässlich, richtig so. Hinter einer Türe geht es, doppelt falsch, zur »Leitenden

Abteilunsgärtztin«, falsche Ärzte auch heute, denke ich und bedaure das Gedachte auf der Stelle.

Und gehe dann allein, ich sehe sonst keinen anderen, durch die Ausstellungsräume, es sind dieselben Räume, in denen damals die Frauen und Männer aus Andernach und den anderen Zwischenanstalten einer scheinbar perfekt getarnten Tötung *zugeführt* wurden, schaue auf die Schautafeln, lese die Legenden, starre auf die Fotografien, staune, wie normal die Menschen darauf zumeist aussehen, alles hier ist sorgfältig aufbereitet, beruhigend museal dokumentiert, ich fotografiere die Fotos. Irgendwo lese ich Archivverweigerer, nein, da steht Archivwegweiser. Aber tatsächlich will ich ja gar nicht ins Archiv der Gedenkstätte, denn von Pauline gibt es weder hier noch sonstwo eine Patientenakte, ich muss jetzt, und will eigentlich gar nicht, hinab in den Gaskammerkeller.

Doch mein Abstieg in den Keller verzögert sich, denn ich verspüre *ein menschliches Bedürfnis*, endlich sehe ich einen Hinweispfeil zur Toilette für Herren – und diese befindet sich just neben der Kellertreppe, doch der Zutritt wird von der aufgesperrten Kellertüre versperrt, wer zur Toilette will, außer mir ist aber an diesem Freitagmittag um zwölf kein anderer Besucher da, ich sagte es, muss einen Knopf drücken, um den automatischen Schließvorgang der Kellertüre auszulösen und das gleichzeitige Öffnen der Toilettentüre zu ermöglichen. Törichter Gedanke: Das Komische heute am Eingang zum Hoffnungslosen von damals.

Es sind sechzehn steinerne Stufen, die ich dann hinabgestiegen bin in das Reich des Todes, sechzehn Stufen, ich habe sie aber erst hernach gezählt, hinunter in diese stillgelegte, sommerlich warme Hölle, in die Verlorenheit hier, wo es mich wüst und leer anmutete, ich wechsle jetzt lieber wieder in die Vergangenheit. Die guterhaltene Hässlichkeit der Kellerwände, die Lautlosigkeit der Rohrleitungen, ihre fortdauernde Funktionalität. Ich bin auch hier allein, ist da wirklich keine Menschenseele außer mir? Nein, nein, im Gegenteil, es sind zu viele! Mein Blick zurück zur Treppe, hier gingen zehntausend Männer und Frauen, ging auch Pauline Leicher hinunter – und nicht wieder hinauf und hinaus.

Im historischen Keller der Gedenkstätte (1)

Gerüche aus dem Kellerboden, den Mauern, akustische Rückstände noch im schrecklich Aufgeräumten, Gereinigten. Schien die Wirkung des Wortes Gaskammer nach überlanger, historisch-kritischer Lektüre bei mir allmählich aufgebraucht, so anders war dann die des Ortes. Des Gedächtnisortes freilich; gänzlich unvorstellbar, jenseits heutigen Entsetzens, der reale Ort und das Geschehen damals, 1941, allenfalls ein Schattenbild bleibt. Meine Beklemmung, Benommenheit. Ich habe nicht lange hinschauen können, nicht in die gelb geflieste, mit einer Kordel abgetrennte Todeskammer, nicht lange dahin, wo die Verbrennungsöfen gestanden hatten, nicht in den Sektionsraum. Paulines gesichtsloses Gewesensein.

Wie gut, auch wenn ich hier nur wenige Minuten zubrachte, dass ich ganz allein war, eine Studiengruppe, eine Schulklasse oder auch nur ein anderer Einzelbesucher hätte mir den Keller in eine museale Atmosphäre getaucht, schaurig zwar, betroffen machend, wie es immer heißt, aber von heutiger Lebendigkeit verfälschend angefüllt. Die Anderen hätten ein Gewahrwerden der Totengeister, oder was es auch

Im historischen Keller der Gedenkstätte (2)

wäre, verhindert. In der verstörenden Stille des Kellergewölbes war ich meiner Pauline hier um keinen Deut näher, und doch war sie da, inmitten einer grotesken Prozession zogen aberhundert Gespenster vorbei, unfassbar anwesend, unfassbar fern.

Für heute war es genug des Trostlosen. Den Anstaltsfriedhof oberhalb der Gedenkstätte mit den Grabstätten der Opfer aus den Folgejahren 1942 bis 1945, in denen sich, wie geschildert, die Tötungen weiter fortsetzten, würde ich ein andermal besuchen.

Das Gewirre von Fragen im Rückspiegel: Wie gelänge es, die Realität der konkreten Körper in den Gaskammern nicht

gänzlich zu verdrängen? Ist aber nicht selbst der ans Kreuz genagelte Gottessohn zum bloßen Abstraktum geworden? Bei den katholischen Christen ist der Gemarterte als Kruzifix immerhin noch sichtbar, bei den Protestanten nurmehr das Kreuz. Und dann unsere Pflicht heute, heute, die verfolgten, die misshandelten Menschenkinder heute in Schutz zu nehmen und Schlimmeres zu verhindern, ja!, mit gerechter Gewalt, Gebet und Friedfertigkeit im Eigenen, *damit der böse Feind keine Macht an uns finde.*

Ein frommer Wunsch? Der Mensch scheint zur Erbsünde und ihrer Kettenreaktion verdammt; immer neue Opfer werden abgeschlachtet, enthauptet, bombardiert, im Meer versenkt, verrecken in Arbeitslagern und Zwangsanstalten, werden niedergemäht. Auch Pauline, eine der Unschuldigsten, ist im Erbsündenregister, im Opferbuch verzeichnet. Forderungen nach einer Entschädigung wurden bisher abgelehnt, da die damaligen Erbgesundheitsgerichte von der Nachkriegsjustiz und bis heute als »ordentliche« Gerichte angesehen werden. Eine sogenannte Einmalzahlung, sagen wir 2000 €, an noch lebende Nachkommen hätte aber mit einer »Wiedergutmachung« weiß Gott nichts zu tun.

Auf meiner Fahrt zurück von Hadamar nach Lautzert kam mir mein Dorffreund Karl-Heinz in den Sinn. In der von mir rekonstruierten Variante eines sogenannten Trostbriefes, den die Mörder von Hadamar nach Lautzert schickten, hatte ich sie als Todesursache eine Lungenentzündung angeben lassen, zum einen, weil es eine der häufigsten unter den erfundenen gewesen ist, aber auch aus einem anderen Grund. Dem Karl-Heinz sind wir etwa hundert Seiten zuvor begegnet, wo er bedenkenswerte Vorbehalte gegen das allzu deutliche Aufrufen der schrecklichen Vergangenheit äußert und offenbar nahelegt, Mörder und Mordgehil-

links: Standort der ehemaligen Verbrennungsanlage

Das Gedenkbuch in Hadamar

fen, Opfer und Angehörige in Ruhe zu lassen, jetzt, so viele Jahre später. Ich sah ihn im Laufe der paulinischen Schreibzeit immer seltener, vielleicht wollte er auch meiner Fragerei aus dem Weg gehen, und wenn ich ihn dann traf, war nicht T4, sondern Covid-19 das Thema, und schon hatte ihn sein Hund, ein Irish Setter, hatte ihn Caprice weitergezogen. Doch eines Tages kam Karl-Heinz allein des Weges, Caprice war gestorben, war eingeschläfert worden. Und eines anderen Tages hörte ich zu meinem Schrecken, dass er selbst plötzlich und unerwartet, ja über Nacht gestorben sei, im Krankenhaus einer Lungenentzündung erlegen. Ich war wie vor den Kopf geschlagen, auch weil ich, wieder einmal welt- und dorfabgewandt nur in das Eigene vergraben, corona-isoliert zudem, erst nach zwei, drei Wochen von einer Nachbarin eher beiläufig davon erfuhr.

Wie schnell sich doch, dachte ich, als ich den unaufgeregten Tonfall der Nachbarin bei der Weitergabe dieser jüngsten Todesnachricht wahrnahm, die gleichmütige Zeit über das, was da ganz in meiner Nähe passiert war, gelegt hat. Die wirkliche Lungenerkrankung bei Karl-Heinz hat mich darin bestärkt, in dem Trostbrief aus Hadamar, den also nicht nur eine mörderische Bürokratie fingiert hat, sondern den auch ich hier erfunden habe, als Todesursache eine Lungenentzündung anzugeben, wovon gerüchteweise im Dorf über die Jahre hin ohnehin die Rede gewesen war. Ach, Karl-Heinz.

Auf dem Westerwald

Wie sich über das mit Pauline Leicher Geschehene eine lange Zeit gelegt, gelagert, geschichtet hat, so auch im kleinen spürbar über die Erzählzeit dieser Niederschrift, begleitet von Abschottungen, Schließungen, Maskierungen. Doch gibt es auch Öffnungen, gibt es ein Vorwärts, für Pauline ein Heraus aus dem Grab in den Lüften. So ist (seit 2023) auf dem Lautzerter Friedhof an jenem Gefallenendenkmal, auf dem sich auch der Name ihres Bruders Gustav befindet, eine Gedenktafel angebracht. Und sie sollte im Wikipedia-Eintrag zu Oberdreis unter der Rubrik »Söhne und Töchter der Gemeinde« genannt werden, nicht nur der berühmte Paul, der in seinem Nachnamen Deus trägt, Gott also, nein, auch die unberühmte und ausgelöschte Pauline, auf dass ihrer gedacht werde, dem einen in Verehrung, der anderen in Trauer und Scham. Was wir getan haben einer unserer geringsten Schwestern, das haben wir, so seine Verheißung, ihm selbst, dem Menschensohn, getan.

Wie vor wenigen Monaten noch mit dem Karl-Heinz, gehe ich hier weiter über die Feldwege, die Waldwege, und vielleicht wäre ich hier auch der Pauline begegnet, wenn sie ein menschengemäßes Alter erreicht hätte, wenn sie vielleicht siebzig Jahre alt geworden wäre, wie der Karl-Heinz, ich hätte jetzt eigene Erinnerungen an sie, und diese Aufzeichnungen wären noch lange nicht zu Ende. Aber haben wir nicht jetzt doch ein Bild von ihr, das uns, herbeigerufen aus dem Gestern, aus den Geistern ihrer Welt, aufscheint wie in einem dunklen Spiegel?

Das alte Leicher-Haus ist vor langer Zeit abgerissen worden. Die heutigen Nachkommen wissen so gut wie nichts von früheren schmerzhaften Erfahrungen der Familie, einige unterstützten mich bei meinen Bemühungen, Licht ins Dunkel zu bringen, andere wollten mit dem Ganzen nichts zu tun haben – verstehe, verstehe, sagte ich einem von ihnen an seiner Haustüre, und sie haben auf ihre Weise völlig recht, sage ich mir selbst, inmitten meiner so lückenhaften Pauline-Papiere, denn jegliches Gelebte, vielleicht geringfügig verzögert durch das Erinnern, wird sich einmal auflösen, wie die Vergangenheit aller und eines jeden, gleich ob er, ob sie eine Berühmtheit gewesen ist oder ein Niemand.

Doch zu nichts zerfallen? Nimmermehr! Und bin gleichzeitig heilfroh, dass ich die mir Anbefohlene, ein ins Inferno verstoßenes Menschenkind, über Raum und Zeit hinweg habe ein wenig begleiten dürfen, sie mitnehmen dürfen in das Himmelreich der Schrift. Bei Gott erhoffe ich, und meine Torheit lässt ihn hier stehen ohne Anführungszeichen oder gar Sternchen, dass alle Tränen von ihren Augen abgewischt sein werden, und kein Tod mehr sein wird, noch Leid noch Geschrei noch Schmerz.

Schon lange haben mich bedeutende Denker, nicht zuletzt Paul Deussen, jetzt aber auch das Schicksal der Pauline Leicher, gelehrt, all jene Momente zu preisen, die schon auf Erden schmerzfrei sind, frei von Unglück, Elend und Jammer, und jenen Größenwahnsinnigen, wenn sie sich als vermeintliche Befreier und Beglücker tarnen, diesen in Wahrheit Geistesgestörten, mein Nein! entgegenzuhalten, entgegenzuschreiben, wie schwach, wie vergeblich auch immer.

Zu Beginn des 20. Jahrhunderts lässt Fritz Philippi, der Dichter des Hohen Westerwalds, in einer seiner schönen Erzählungen den Vater eines jungen Geisteskranken sagen: »Unserem Herrgott muss er doch so gut genug sein wie er ist, weil er ihn nicht anders geschaffen hat« und stellt die vorherrschende Meinung der Dorfleute nach dem frühen Tod des Sohnes dagegen: »Da müsse man doch froh sein, dass der Peter gestorben sei. Der habe viel zu lang gelebt und so viel Last gemacht.« Das ist der Welt Urteil, so Philippi, die so schwer begreift, dass viel Last im rechten Sinn getragen, ebensoviel Segen bedeutet, und dass man zuweilen einem Menschen nicht mehr nehmen kann, als wenn man ihm die tägliche Gelegenheit nimmt, viel zu lieben.

Im Gedenken an
Pauline Leicher
Opfer der NS-Euthanasie
Geboren 5.6.1904, Lautzert
Ermordet 6.5.1941, Anstalt Hadamar

Orte zum Leben der Pauline Leicher
(Westerwald und Umgebung)

Bildnachweis

Archiv Siegener Zeitung: S. 51

© Die Photographische Sammlung/SK Stiftung Kultur – August Sander Archiv, Köln; VG Bild-Kunst, Bonn: S. 39

Heiner Feldhoff: S. 36, 140, 142, 144, 146

Fotosammlung Gedenkstätte Hadamar: S. 129, (FS 4) 132, 148

Hessisches Hauptstaatsarchiv Wiesbaden: S. 128

Eckhard Hoffmann, Lautzert: S. 21

Landesarchiv Berlin, F Rep 29: S. 113

Landeshauptarchiv Koblenz: S. 58, 83, 85, 89, 120

KP Kraemer, Saarbrücken: S. 24

Thomas Lindelauf, Lautzert: S. 9,

Peter Lindlein, Betzdorf: S. 13, 15, 109, 149, 151, 153

Sonja Kurtenbach, Lautzert: S. 106

Erhard Mengel, Niederschelderhütte: S. 50

A. Schaude, Nürtingen: S. 145

Gerlinde Seiler, Lautzert: S. 31,33, 40, 42 (Ausschnitt), 73

Christina Strickhausen, Lautzert: S. 65

Verlag August Sander, Lichtbildner, Cöln-Lindenthal, Sammlung Zado: S. 44

Verlagsanstalt Benziger & Co. 1913: S. 97

Wohin bringt ihr uns? Materialien, lpb Stuttgart 2011, Abdruck aus: Volk und Rasse. Illustrierte Monatsschrift für deutsches Volkstum, Rassenkunde und Rassenpflege, 10/1936: S. 103

Wikipedia: S. 68, 91, 100, 105

Aufgesuchte bzw. kontaktierte Archive

Gedenkstätte Hadamar
Landeshauptarchiv Koblenz
Evangelische Archivstelle Boppard
Redaktionsarchiv der Siegener Zeitung
Archiv des Landschaftsverbands Rheinland, Pulheim
Stadtarchiv Neuwied
Stadtarchiv Niederkassel
Evangelische Kirchengemeinde Puderbach
Evangelische Kirchengemeinde Niederschelden
Verbandsgemeinde Puderbach
Verbandsgemeinde Altenkirchen

Literatur

Götz Aly: Die Belasteten. Frankfurt am Main (S. Fischer) 2013

Biografien von Opfern der NS-»Euthanasie«-Verbrechen. https://www.gedenkort-t4.eu/de/biografien

Endstation Hadamar. Arbeitsplattform.bildung.hessen.de/netzwerk/geschichtswerkstatt/hadamar/hadamar_buch_druckfassung.pdf

Stefan Elsner (Hrsg.): Zur NS-Euthanasie im Rheinland. »... wir waren samt und sonders gegen die Durchführung der Euthanasie-Aktion.« Münster (Klemme & Oelschläger) 2009

Pascal Engels: Dr. med. Johann Recktenwald (1882–1964) – Arztkarriere und Euthanasieverbrechen. Bachelorarbeit. RWTH Aachen 2018

Heiner Feldhoff: Nietzsches Freund. Die Lebensgeschichte des Paul Deussen. Köln u.a. (Böhlau) 2018

Grafeneck 1940, Materialien. »Wohin bringt ihr uns?« https://www.lpb-bw.de/fileadmin/lpb_hauptportal/pdf/bausteine_materialien/material_grafeneck2011.pdf

https://www.gedenkstaette-hadamar.de/

Dagmar Herzog: Eugenische Phantasmen: Behinderung, Macht, Moral, Adorno-Vorlesungen Frankfurt am Main 2021. https://www.youtube.com/watch?v=HVFXaU43yns

Jahrbücher des Kreises Altenkirchen 1999 u. 2000

Uwe Kaminsky: Zwangssterilisation und »Euthanasie« im Rheinland: Evangelische Erziehungsanstalten sowie Heil- und Pflegeanstalten 1933 – 1945. Köln (Rheinland-Verlag) 1995

Ernst Klee: »Euthanasie« im NS-Staat. Die »Vernichtung lebensunwerten Lebens«. S. Fischer (Frankfurt am Main) 1983

Ruth Klüger: weiter leben. Eine Jugend. Göttingen (Wallstein Verlag) Göttingen 1992

500 Jahre Lautzert. Festschrift 2002

750 Jahre Oberdreis. Festschrift 2003

Edith Raim: Justiz zwischen Diktatur und Demokratie. München (Oldenbourg) 2013

Peter Sandner: Verwaltung des Krankenmordes. Historische Schriftenreihe des Landeswohlfahrtsverbandes Hessen. Gießen (Psychosozial-Verlag) 2003

Ludwig Schlaich: Lebensunwert? Kirche und Innere Mission Württembergs im Kampfe gegen die »Vernichtung lebensunwerten Lebens«. Stuttgart (Quell-Verlag) 1947

Anne Weber: Ahnen. Ein Zeitreisetagebuch. Frankfurt am Main (S. Fischer) 2015

Dank

Der Verfasser dankt dem Land Rheinland-Pfalz für ein Arbeitsstipendium, der Verlag für eine Förderung durch die LAG Raiffeisen-Region.

Dank für vielfältige Hilfe gebührt u. a. Martina Blum, Puderbach; Marion Gutberlet, Koblenz; Michaela Hocke, Koblenz; Walter und Eckhard Hoffmann, Lautzert; Arne Houben, Briedel; Martina Kehr, Puderbach; Sonja Kurtenbach, Lautzert; Thomas Lindelauf, Lautzert; Peter Lindlein, Betzdorf; Volker Mendel, Puderbach; Madeleine Michel, Hadamar; Margit und Hans Gerd Müller, Oberähren; Sabine Rörig, Altenkirchen; Gerlinde und Karl-Heinz Seiler (†), Lautzert; Claudia Stul, Hadamar; Stefanie Thur, Briedel; Friedrich Weber, Siegen.

Heiner Feldhoff
»Die Sonntage von Duisburg-Beeck«

Duisburg-Beeck: Bindestriche machten von vornherein alles kompliziert. Von der 5. Klasse an, die dann auch nicht Klasse 5 hieß, sondern Sexta, ging ich aufs Max-Planck-Gymnasium, wechselte nicht wie der Vater früher zur namenlosen Knaben-Realschule. Einen Namen haben, ein »Begriff« sein, von Anfang an eingebunden sein, gebunden an einen Ort, ein Vorleben, einen Familienbetrieb: Herren-, Damen- und Kinderkleidung stand da öffentlich lesbar geschrieben, unweit der August-Thyssen-Hütte und nahe der König-Brauerei.

ISBN 978-3-89801-235-5 • 270 Seiten • Klappen-Broschur
12,00 EUR

Christoph Kloft
»Sie war eine von uns«

Das Leben der Westerwälder Jüdin Irmgard Schaumburger

Die Westerwälder Historikerin Katharina erhält den Auftrag, über eine Jüdin aus der Nachbarstadt Westerburg zu schreiben. Bei der Recherche für das Buch taucht sie ein in die Briefe und Erinnerungen der jungen Frau, die den Holocaust nur dank unglaublicher Zufälle überlebte. Während dieser Arbeiten wird sie damit konfrontiert, dass auch ihre eigene Familie ein dunkles Geheimnis hütet. Sie trifft auf eine Mauer des Schweigens und muss sich eingestehen, dass sie sich in vielen Menschen aus ihrem Umfeld gründlich getäuscht hat.

ISBN 978-3-89801-238-6 • 162 Seiten • Broschur
12,00 EUR